칸트와 역사신학의 문제

김 진 지음

Jin Kim : Kant und das Problem der Geschichtstheologie

칸트와 역사신학의 문제

김 진 지음

UUP

칸트와 역사신학의 문제

2011년 1월 21일 초판 인쇄
2011년 1월 25일 초판 발행

지은이 | 김 진
펴낸이 | 김도연
펴낸곳 | UUP(울산대학교출판부)

출판등록 | 제370-1996-000001호(1996.3.13)
주소 | 680-749 울산광역시 남구 대학로 102
전화 | (052) 259-2488
팩스 | (052) 277-3011
홈페이지 | http://uup.ulsan.ac.kr
e-mai | press@mail.ulsan.ac.kr

값 8,000원

ISBN 978-89-7868-231-2

서문

칸트는 신학자가 아니다. 그러나 기독교 신학사상에 끼친 그의 영향은 절대적이었다. 도덕적 실천과 종교적 신앙에 대한 야고보와 바울 사이의 논쟁 이후 기독교에서는 도덕이 신앙의 결정적 요인이 아니라는 데 생각을 같이 하였다. 그러나 칸트는 신앙의 진정한 의미는 도덕에서 나온다고 선언하였다. 칸트의 이와 같은 선언은 기독교에 대한 도전으로 곡해되어서 저술활동의 제재를 불러 왔다.

칸트는 역사학자나 역사철학자가 아니다. 그러나 서구의 역사이론이나 역사철학에 끼친 그의 영향은 절대적이었다. 객관적인 역사 기술을 절대적인 것으로 이해하던 시절에 칸트는 선험철학적 역사 이해의 틀을 마련하였으며, 역사 해석에 도덕철학적 진보 사상을 도입하였다. 칸트의 역사 이해가 낙관주의를 지향하는 것은 최고선의 실현을 향한 도덕적 행위 주체의 무한한 노력을 바탕으로 한다.

이 작은 책에서 필자는 임마누엘 칸트의 기독교 이해와 역사 이해가 만나는 철학적 지평으로서의 역사신학의 문제를 다루고자 하였다. 칸트와 헤르더가 낭만주의에 미친 영향을 비롯하여 칸트의 그리스도교 종말론에 대한 도덕철학적 또는 요청주의적 해석에 주목하고자 했다.

최근 3년 동안 필자는 대부분의 시간을 계몽주의 이후의 정치신학적 신화학 연구에 할애하고 있었다. 지난 해 초에 한국칸트학회 회장 문성학 교수(경북대)는 필자에게 2010년 7월 3일 경북대학교에 열리는 한국칸트학회 하계학술대회에서 발표를 맡아줄 것을 부탁해왔다. 이 때문에 필자는 서구의 역사신학에 대한 칸트의 문제의식에 잠깐 눈을 돌리게 되었다. 필자에게 관심을 끌었던 것은 바로 칸트가 말년에 쓴 『만물의 종말』이었다.

『만물의 종말』은 칸트가 자신의 종교저술에 대한 프로이센 당국의 조처에 시니컬한 반응을 보였을 뿐만 아니라, 그가 종교철학에서 채 다루지 못했던 그리스도교 종말론에 대한 요청주의적 해석을 시도하고 있다는 사실에서 매우 중요한 저술이라고 평가할 수 있을 것이다. 그러나 이 글이 나간 직후에 칸트에 대한 프로이센의 압력은 절정에 달하였으며, 칸트는 그런 조처에 대항하지 않고 더 이상 종교 관련 주제에 관한 저술을 쓰지 않겠다고 제국 황실에 맹세할 수밖에 없었다.

필자는 2008년에도 당시 한국칸트학회 회장 최인숙 교수의 요청으로 칸트학회에서 논문을 발표하고 그 결과를 『하느님의 나라와 부처님의 나라: 칸트와 불교에서 최고선의 문제』라는 작은 책자로 간행한 사실이 있다. 사실 이 주제는 필자가 독일에서 공부하던 시절부터 계속해서 붙들고 왔던 『칸트와 불교』의 비교 연구의 중요한 부분이다. 칸트의 '최고선' 개념이 기독교적인 '하느님의 나라'(Reich Gottes)라는 문맥에서 의미 있게 구성되는 점에 착안하여, 불교적인 최고선 개념 역시 유비적으로 '부처님의 나라'(Reich Buddhas)라는 문맥에서 새롭게 이해하고자 했던 것이다. 따라서 이 책에서 독자들이 기독교와 불교의 천국이나 극락 개념의 비교 이해를 기대하는 것은 넌센스일 것이다. 이 책에서 필자는 칸트에서 최고선의 실현 가능성 조건에 대한 문제를 아시아적 문화 지평, 특히 불교에서의 실천적 사유인 니르바나 수행의 완전한 실현 가능성 조건에 대한 논의로서 천착하고자 했던 것이다. 그러므로 『하느님의 나라와 부처님의 나라』뿐만 아니라 오늘 세상에 내놓은 『칸트와 역사신학의 문제』 역시 『칸트와 불교』의 연장선상에서 읽어나갈 때 비로소 필자의 의도를 헤아릴 수 있을 것이다.

칸트와 역사신학의 문제는 철학 전공자는 물론이고 신학과 종교학 연구가들, 그리고 역사학 연구가들에게도 관심을 불러 일으킬 수 있을 것이다.

2011년 1월 18일

울산에서

차례

제1부: 인류역사의 철학과 인간성의 이상 : 칸트, 헤르더, 낭만주의

1. 아우슈비츠 물음

아우슈비츠 사건이나 9 · 11 테러는 서구권에서의 정치신학적 대립과 갈등의 산물이다. 전자는 현상적으로 독일민족과 유대민족 사이의 갈등처럼 보일 수 있으나, 본질적으로는 기독교와 유대교의 정치신학적 차이구조, 즉 기독교에 기반을 둔 독일민족의 유토피아적 지향성과 유대교에 기반을 둔 메시아적 시온주의의 충돌에서 비롯되었다. 그러나 사실상 그것은 충돌이 아니라 일방적인 폭력이었다. 아우슈비츠 물음은 현대인에게 쉽게 답변될 수 있는 성질의 것이 아니다.

아우슈비츠 물음은 현대 테러리즘의 기원에 대한 문제를 구성한다. 그것은 서구 종교의 정치신학적 근본주의뿐만 아니라 계몽주의로부터 낭만주의를 거쳐서 제3제국에 이르기까지의 반유대주의(Antisemitismus)의 역사를 전제하고 있으며, 현대의 종교분쟁과 이념갈등의 근본 요인이 되기 때문이다.

9 · 11 테러 역시 현상적으로 이슬람의 과격단체와 미국과의 대립으로 보일 수 있으나, 본질적으로는 기독교를 신봉하는 자본주의 대국으로서의 미국적 유토피아와 세계화의 물결 속에서 존재근거를 박탈당한 무슬림의 근본주의적 정치신학이 충돌한 것이다. 그러나 그것은 문화 충돌이 아니라 일방적이

고 무차별적인 테러였다. 비록 그것이 유대의 시온주의와 기독교의 천년왕국설은 물론이고 팔레스타인 민족의 축출을 지원했던 서방세계의 현대판 십자군 전쟁에 대한 항거의 역사를 전제하고 있다고 하더라도 일방적인 폭력 사용이라는 사실은 분명하기 때문이다.

따라서 9 · 11의 물음 역시 현대인에게 쉽게 답변될 수 있는 성질의 것이 아니다. 아우슈비츠 물음과 9 · 11 물음은 동일한 근원을 가지고 있는 것이다.

아우슈비츠와 9 · 11 사건은 지금도 여전히 진행 중에 있다. 역설적으로 그것은 악의 허용에 관한 신정론적 물음인 동시에 최고선을 지향하는 도덕철학의 문제이기도 하다. 이 사건들은 칸트가 기독교를 도덕신학적으로 해석하면서 제시하였던 '지상에서의 하느님 나라의 무한한 확장'과 '세계정부 건설을 통한 영원한 평화의 구축'이라는 정치적 최고선의 실현을 요청함으로써 발단되었으며, 피히테와 슐레겔과 노발리스가 독일정신의 기원, 즉 그 원초적 이상성을 고대 그리스의 신화정신이나 중세 기독교의 국가에서 발굴하려고 시도하면서 선명하게 부각되기 시작하였다. 칸트가 제기한 정치적 최고선의 요청은 낭만주의자들에 의하여 문화적인 세계정부의 현실 요청으로 변형되었다. 계몽주의적 정치신학에서의 최고선과 근본악, 그리고 낭만주의적 정치신학에서의 절대 자유와 세계폭력의 문제는 매우 유사한 구조를 가지고 있다.

전통적으로 근대 유럽인들의 반유대주의적 사고는 광범위하게 펼쳐져 있었다. 서구인들은 예수 그리스도를 배반한 유대인들을 전염병을 퍼뜨리고 우물에 독을 넣는 악의 화신으로 생각하여, 사회로부터 격리하고 교회 및 국가 정책을 통하여 엄격하게 통제해 왔다.

계몽주의 운동은 유럽의 보편적인 반유대주의 정서의 변화를 촉구하였으며, 레싱(Gotthold Ephraim Lessing 1729~1781)과 멘델스존(Moses Mendelssohn 1729~1786)을 통하여 유대인의 시민적 권리 회복을 위한 여러 가지 활동들이 전개되었다. 이들은 주로 보편적 이성의 원리에 근거하여 그리스도교와 유대교의 화해를 촉구하였다.

레싱은 초기 작품 『유대인들』(*Die Juden* 1749)에서 유럽 사회에서의 반유대주의의를 주제화 하였으며, 후기 작품 『현자 나탄』(*Nathan der Weise* 1779)에서 유대교의 진리가 기독교나 이슬람교의 그것과 다르지 않다는 사실을 강조하면서 박애와 평등 정신에 바탕을 둔 이상사회의 건설을 피력하였다.

또한 멘델스존은 그의 저서 『예루살렘 또는 종교적 권능과 유대교에 대하여』에서 유럽의 기독교인들에게 유대인에 대한 관용을 호소하는 한편, 유대인 사회의 전통을 현대적으로 정비하여 유대인들의 서구 사회 진입을 가능하게 하는, 이른바 유대교 계몽운동(haskalah)을 전개함으로써 기독교와 유대교의 화해를 도모하는 동시에 유대인을 해방할 수 있는 이론적 근거를 마련하고자 하였다.[1)]

이들과는 다른 맥락에서 빌헬름 돔(Christia Wilhelm Dohm 1751~1820)은 그의 저서 『유대인의 시민적 지위 개선론』에서,

---

1) Medelssohn, Moses: *Jerusalem oder über die religiöse Macht und Judentum*, Berlin 1783, Bielefeld 2001; Johnson, Paul: *A History of the Jews*, New York 1987, 298.

독일의 국가발전을 위하여 유대인들이 적극적인 기여를 할 수 있도록 시민적 지위를 향상시켜서 종교와 경제 활동에서의 자유를 보장해야 하며, 유대인들 역시 법과 시민적 의무를 성실하게 준수하여 사회통합에 앞장서야 한다고 강조하였다.[2] 그러나 독일 사회에서 유대인들은 진출 기회가 차단되었고, 종국에는 집단학살을 위한 역사적 수순 밟기에 돌입하고 있었다.

2) Dohm, Christia Wilhelm: *Über die bürgerliche Verbesserung der Juden*, Berlin und Stettin 1781, 8f.

2. 낭만주의의 두 시원: 칸트와 헤르더

낭만주의는 서구 세계의 삶과 사고를 근본적으로 바꾼 가장 광범위한 근대의 운동이다. 유럽에서 가장 뒤쳐졌던 독일인들의 굴욕감과 자존심은 프랑스의 계몽주의에 대한 반발과 함께 낭만주의 운동의 동인으로 작용했다. 독일의 초기 낭만주의자들은 사물의 불변적 구조나 본성 대신에 세계를 창조하고 변화시키는 인간의 의지가 최우선적 가치를 갖는다고 보았다. 낭만주의자들은 신화의 가치를 존중하여 최고의 지적 관심의 대상으로 삼았다. 그와 같은 강력한 의지적 주체는 개인을 넘어서서 민족, 국가 등 공동체 영역으로까지 확대되었으며, 그 결과 피히테의 보호무역국가론이나 파시즘과 같은 왜곡된 형태로 전개되기도 하였다.[1]

횔덜린은 기독교 사상의 신화가 몰락하는 현장에서 고대 그리스의 신화세계로 회귀하여 기독교적인 것과 일치시킴으로써 신화를 복원하였으며, 셸링은 신화의 철학을 그의 가장 중요한 철학적 논의 영역으로 다루었다.[2]

---

1) 이에 대한 상세한 논의는 김진, 「계몽주의의 신화 해석: 칸트의 신정론과 반유대주의」, 『철학논총』 57집 3권, 2009, 143, 161쪽을 참조할 것.

2) Cassirer, Ernst: *Vom Mythus des Staates*. S. 239f. 한국어판, 226쪽

빈켈만과 헤르더는 신화에 적대적이었던 계몽주의를 넘어서서 신화의 재발견을 시도한다.[3] 신화는 인류문화의 근원으로서 경외와 숭배의 대상이 되었으며, 예술, 역사, 철학 모두가 바로 신화에서 비롯된다고 보았다.

헤겔과 랑케 역시 국가를 각각 '인륜성의 총체로서의 '세속적인 신'[4] 또는 '신의 사상'(Gedanken Gottes)[5]으로 중시하였다. 헤겔은 칸트의 법치국가와 피히테의 자유국가의 이념에다가 낭만주의자들의 국가 이념을 종합함으로써, 인륜성과 신성이라는 국가 개성(Staatspersönlichkeit)을 갖춘 강력한 권력국가의 출현을 염원하였다. 그는 수많은 제후국으로 분열된 독일제국은 마땅히 권력국가로 거듭나야 한다고 강조하였다.[6] 그의 국가론은 시민국가론의 차원을 넘어서서 국가지상주의로 이행하고 있었으며, 이와 같은 그의 '민족적 권력국가' 사상은 1860년에서 1870년대에 이르기까지 비스마르크에 의하여 군국주의의 노선으로 변용되었다.[7] 낭만주의와 독일관념론 철학이 성행하던 바로 그 시기에 독일은 나폴레옹의 침공을 받았으며, 계몽정신과 자유주의와 세계시민주의의 이상은 급격하게 국수주의와 민족주의를 기치로 내세우면서 정치적 낭만주

이하.

3) Picht, G., *Kunst und Mythos*, Stuttgart 1986, S. 488.

4) Rosenkranz, Karl: *Hegel als Deutscher Nationalphilosoph*, Darmstadt 1965, 154-159.

5) Ranke, Leopold von: *Die großen Mächte. Politisches Gespräche*, Göttingen 1963, 329.

6) Hegel, Friedrich: *Die Verfassung Deutschlands* (1802), 72.

7) 조원홍, 「근대 독일 국가론의 특성: 알투지우스에서 헤겔까지」, 『서양사론』 61, 1997, 117 참조.

의라는 새로운 신화를 창조해나가고 있었다.

이사야 벌린은 칸트와 헤르더야말로 낭만주의의 진정한 두 아버지라고 평가했다.[8] 먼저 칸트는 일반적으로 계몽시대의 철학자로 알려져 있으나, 그의 친구 하만과 제자 헤르더와의 논쟁을 통하여 낭만주의 사상 형성에 결정적인 영향을 끼쳤다. 헤르더는 칸트를 지양하고 하만을 계승하는 방식으로 낭만주의 운동에 기여했다. 그는 칸트의 실천철학에서 행복이나 국가 개념에 반대하는 생각을 발전시켰으며, 칸트가 거의 집중하지 못했던 역사철학의 문제에 천착하여 독보적인 저서들을 발표하였다.[9] 반대로 칸트는 헤르더의 역사철학적 저술들에 대하여 문필가로서의 재능은 인정하면서도 역사철학의 방법론적 결함을 비판적으로 지적했다.[10] 그러나 헤르더는 칸트가 제시한 이성의 선천적 구조로부터 목적의 왕국과 이성국가의 영구평화론에 이르기까지 광범위한 비판을 시도했다.

---

8) Berlin, Isaiah: *The Roots of Romanticism*, Princeton 1999, 57; 『낭만주의의 뿌리』, 이제이북스 2005, 95. (이후 인용은 영문판 쪽수와 한글판 쪽수 순으로 병기한다.)

9) Herder, Johann Gottfried: *Auch eine Philosophie der Geschichte zur Bildung der Menschheit*(1774); Werke, Hrsg. v. Jürgen Brummack und Martin Bollacher, Bd.4, Deutscher Klassiker Verlag, Frankfurt 1994, 9-107; *Ideen zur Philosophie der Geschichte der Menschheit*(1784), Werke, Bd.6, Frankfurt 1994; Syndikat Buch des Monat, Bodenheim 1995 (Wiesbaden 1985). 이하 인용에서는 Herder, Ideen 부, 권, 장, 전집 쪽수; Bodenheim판 쪽수를 병기한다.

10) Kant, Immanuel: *Johann Gottfried Herder: Ideen zur Philosophie der Geschichte der Menschheit*, in: Kant Werke, Bd.9, Darmstadt 1964, S.781-806.

칸트의 도덕신학이나 정치신학적 과제는 개인적 차원에서의 도덕적 수행 목표가 되는 최고선의 이념이 어떻게 사회적 정치적 차원으로 변형 발전될 수 있는가에 있으며, 그것은 '윤리적 공동체'와 '지상에서의 하느님의 나라'(교회론 및 정치신학)의 문제로 구체화되고 있다. 여기에서 칸트의 이성신앙 및 윤리신학의 문제는 정치적 최고선의 문제, 특히 국제연맹의 수립 요청을 통하여 '영원한 평화'를 실현하려는 기획과 관련되어 있다. 칸트가 기독교를 도덕신학적으로 해석하면서 '지상에서의 하느님 나라의 무한한 확장'과 '세계정부 건설을 통한 영원한 평화의 구축'이라는 정치적 최고선의 실현을 요청했다면, 노발리스와 횔덜린과 셸링 등 독일의 낭만주의 사상가들은 그 원초적 이상성을 고대 그리스의 신화정신에서 발굴하면서 새로운 문화적인 세계정부를 요청했다. 낭만주의자들은 칸트의 정치적 최고선을 인간 개개인이나 민족의 이상을 반영할 수 있는 차원에 이르기까지 보다 구체적이고도 현실적인 것으로 변형하고자 했다. 낭만주의자들의 이 같은 칸트 비판 혹은 변형의 뿌리는 헤르더에서 기인된다고 볼 수 있다. 칸트와 헤르더의 역사 및 문화 논쟁이 낭만주의자들의 새로운 정치 구상에 결정적인 영향을 준 것이다.

따라서 이 글에서는 낭만주의 사상가들의 정치신학에 결정적인 영향을 끼친 칸트의 국제연합론과 헤르더의 문화민족주의론 분석함으로써 낭만주의 시대의 신화 이해에 대한 철학적 기반과 그 의미를 체계적으로 성찰하고자 한다.

우리는 낭만주의의 신화 해석에 결정적으로 영향을 끼쳤던 헤르더의 역사철학과 그에 대한 칸트의 비판적 논의, 그리고 다시 헤르더의 '인간성의 이상'의 실현 가능성 조건에 대한 물음을 중심으로 칸트, 헤르더, 독일 낭만주의 철학에서의 인간학적, 역사철학적 상호작용과 그 의미를 새롭게 규정하고자 한다.

3. 칸트의 정치신학: 국제연합과 영구평화론

칸트철학은 낭만주의 사상의 출발점을 이루고 있다. 특히 국제연맹과 영원한 평화사상은 낭만주의자들의 핵심적 화두에 생동성을 부여했다. 칸트의 정치신학적 과제는 개인적 차원에서의 도덕적 수행 목표가 되는 최고선의 이념이 어떻게 사회적 정치적 차원으로 변형 발전될 수 있는가에 있으며, 그것은 '윤리적 공동체'와 '지상에서의 하나님의 나라'(교회론 및 정치신학)의 문제로 구체화되고 있다.[1] 여기에서 칸트의 이성신앙

1) 칸트에서 '교회', '하나님의 나라', '신정론'의 문제를 다룬 책들로는 Rätze, T.G.: *Betrachtungen über die Kantische Religion innerhalb der Grenzen der bloßen Vernunft*. Chemnitz 1794; Storr, D. Gottlob Christian: *Bemerkungen über Kant's philosophische Religionslehre.* Tübingen 1794; Kügelgen, C.W.: *Immanuel Kants Auffassung von der Bibel und seine Auslegung derselben. Ein Kompendium Kantischer Theologie*. Leipzig 1896; Romundt, Heinrich: *Kirchen und Kirche nach Kants philosophischer Religionslehre*. Gotha 1903; Sydow, Eckart v.: *Der Gedanke des Ideal-Reichs in der idealistischen Philosophie von Kant bis Hegel im Zusammenhange der geschichtsphilosophischen Entwicklung*. Leipzig 1914; Schulze, Martin: *Kants Religion innerhalb der Grenzen der blossen Vernunft*. Königsberg 1927; Rust, Hans: *Kant und das Erbe des Protestantismus. Ein Beitrag zu der Frage nach dem Verhältnis von Idealismus und Christentum*. Gotha 1928;

및 윤리신학의 문제는 정치적 최고선의 문제, 특히 세계정부의 수립 요청을 통하여 '영원한 평화'를 실현하려는 기획과 관련되어 있다.

칸트는 기독교를 도덕신학적으로 해석하면서 '지상에서의 하느님 나라의 무한한 확장'과 '세계정부 건설을 통한 영원한 평화의 구축'이라는 정치적 최고선의 실현을 요청하였다.

칸트의 영구평화론은 자연 개념에 대한 규정으로부터 시작된다. 그는 '자연'이 '인간'으로 하여금 '문화'를 추구하게 하는 사실을 '섭리' 또는 '창조의 궁극목적'이라고 이해하였다. 그 과정에서 필연적으로 나타나는 현상이 불화와 전쟁인데, 인간들 사이의 적대관계('반사회성')는 사실상 본성적인 것으로서 불화와 전쟁상태를 유발하기 때문이다. 그러나 인간의 '반사회적 사회성'으로 야기되는 전쟁은 동시에 문화를 촉진하는 불가피한 수단으로 기능하기도 했다. 자연은 불화와 반

Bohatec, Josef: *Religionsphilosophie Kants*. Hildesheim 1966; Schweitzer, Albert: *Die Religionsphlosophie Kant's von der Kritik der reinen Vernunft bis Zur Religion innerhalb der Grenzen der bloßen Vernunft*. Georg Olms Verlag, New York, Hildersheim 1974; Schaeffler, Richard: *Was dürfen wir hoffen? - Die katholische Theologie der Hoffnung zwischen Blochs utopischem Denken und der reformatorischen Rechtfertigungslehre*. Darmstadt 1979; Wimmer, Reiner: *Kant's kritische Religionsphilosophie*. Walter de Gruyter. Berlin. New York 1990; Habichler, Alfred: *Reich Gottes als Thema des Denkens bei Kant*. Tübingen 1991; Ricken, F./ Marty, F.(Hrsg.): *Kant über Religion*. Kohlhammer, Berlin Köln 1992; Appel, Kurt, *Kants Theodizeekritik. Eine Auseinandersetzung mit den Theodizeekonzeptionen von Leibniz und Kant*, Frankfurt 2003; Fischer, Norbert(Hg.): *Kant und der Katholizismus*. Freiburg 2005 등이 있다.

목을 통하여 인류에게 유익한 것을 가져다줌으로써 인류문명의 발전을 촉진했다. 칸트가 『판단력비판』에서 전쟁의 숭고함을 예찬한 것은 바로 그 때문이었다.[2] 그러나 칸트는 자연 상태에서의 적대관계를 극복하고 보편적인 시민사회를 건설할 경우에는 영원한 평화가 가능하다고 보았다.

칸트는 『세계 시민적 관점에서 본 보편사의 이념』(1784)에서 비록 '반사회적인 사회성'(ungesellige Geselligkeit)에도 불구하고 인간은 결국 불화, 악의적 경쟁심, 소유욕 등으로 인하여 '보편적으로 법이 지배하는 시민사회'를 건설하고 '문화'를 창출할 것이라고 낙관하였다.[3] 여기에서 악은 역사적 진보의 전

---

2) 칸트는 『판단력비판』에서 전쟁의 숭고성, 만행, 불가피성 등, 다양한 측면에 대하여 기술하고 있다. 제28장 "위력으로서의 자연에 관하여"에서는 전쟁은 인간을 숭고하게 하지만 평화는 문약하고 열등하게 만든다고 지적하였다(Kant, I.: *Kritik der Urteilskraft*, A(1): Berlin und Libau 1790, B(2): Berlin 1793, C(3): Berlin 1799; A106, B107). 칸트, 『판단력비판』, 이석윤 역, 박영사 1974, 131.) 그러나 제83절 "목적론적 체계로서의 자연의 최종목적에 관하여"에서 그는 전쟁의 만행과 불가피성에 대하여 언급하고 있다. 소유와 향락을 추구하는 인간의 자연적 본성은 만족을 모르기 때문에 인간의 행복과 최종 목적은 결코 달성될 수 없다는 것이다. 자연 역시 재해와 파괴 작용에서 인간을 특별하게 배려하는 것이 아니다(*KU*, A385, B389f; 337f). 칸트는 전쟁을, 억제할 수 없는 격정에 의하여 자극된 인간의 '무의도적(無意圖的)인 기도(企圖)'이면서, 동시에 지고의 지혜가 은밀하게 개입한 '의도적(意圖的)인 기도(企圖)'라고 규정했다. 전쟁은 인류에게 가장 무서운 고난을 가져다주지만, 역설적으로 전쟁을 위한 부단한 준비는 인류 문화에 기여할 수 있는 모든 재능을 최고도로 발전시키는 동기(動機)가 된다는 것이다(*KU*, A389, B394; 341).

3) Kant, Immanuel: *Idee zu einer allgemeinen Geschichte in weltbürgerlicher Absicht*(1784), in: Kant Werke, Bd.9, Darmstadt 1964, 33-50; 『칸

제 조건이 된다. 또한 그는 『추측해 본 인류 역사의 기원』(1786)에서 자연의 역사는 신의 작품이므로 선으로부터 시작되지만, 자유의 역사는 인간의 작품이므로 악으로부터 시작한다고 보았다.4)

칸트에서 역사의 진보는 자연상태에서 자유상태로의 이행으로 나타난다. 그러나 이 과정에서 자연의 법칙으로부터 이탈하여 인간 스스로의 자유를 행사할 수 있는 법적 체계, 즉 '보편적으로 법이 지배하는 시민사회'의 건설이 어떻게 가능한가라는 '가장 어려우면서도 인류에 의하여 가장 나중에 해결될' 수 있는 문제가 제기된다.5)

그것은 합법적인 국제 관계의 해결을 통한 완전한 시민적 정치 체제를 확립하는 것으로써 구체화될 수 있다(제7명제). 인류의 모든 소질을 완전히 계발할 수 있는 자연의 숨은 계획(제8명제)은 바로 '인류의 완전한 시민적 통합'(제9명제)인데, 그것은 칸트가 '보편적인 세계시민적 상태'라고 부르는 완전한 국가 체제의 확립을 통해서만 실현될 수 있으며, 세계 역사는 그와 같은 이념의 완전한 실현을 향하여 무한한 전진을 계속할 것이다. 그리하여 인류역사의 지향 목표는 문화와 행복

트의 역사철학』, 이한구 역, 서광사 1992, 13-43, 특히 13, 20, 29. 한국칸트학회 편, 『칸트와 문화철학』(철학과현실사 2003)에서 황순우의 논문 「칸트의 항쟁성 개념」과 최성환의 논문 「진보 문화 역사: 연속성의 이념으로서의 도덕적 문화」를 참조할 것.

4) Kant, Immanuel: *Mutmasslicher Anfang der Menschengeschichte* (1786), in: Kant Werke, Bd.9, A1f; 『칸트의 역사철학』, 서광사 1992, 75f.

5) Kant: *Idee zu einer allgemeinen Geschichte in weltbürgerlicher Absicht*(1784), in: Werke 9, A394f; 『칸트의 역사철학』, 31f.

에 있으며, 이는 문화화(Kultivierung), 문명화(Zivilisierung), 도덕화(Moralisierung)를 통하여 접근할 수 있다.[6)]

칸트의 영구평화론은 개인들 사이의 도덕적 관계를 국가들 사이에 그대로 적용했다는 점에서 특징적이다. 그는 국가간의 영원한 평화 수립을 위한 여섯 가지 예비조항들(제1장)과 세 가지 유형의 근본명제들을 확정조항(제2장)으로 내세우고 있다.[7)]

칸트가 제시한 여섯 가지 예비명제는 ① 장차 전쟁을 유발할 수 있는 거짓 평화조약의 금지, ② 다른 독립 국가에 대한 상속 · 교환 · 매매 · 증여 행위 금지, ③ 상비군의 완전 폐지,

---

6) 그러나 칸트는 1793년의 『이성의 한계 안에서의 종교』에서 근본악과 변신론(신정론)의 문제를 다루고 있는데, 여기에서는 악의성, 사악성을 극복하는 것이 그렇게 쉽지는 않은 것으로 서술되고 있다(칸트, 『이성의 한계 안에서의 종교』, 신옥희 역, 이화여자대학교출판부 1984, 제1권 참조). 선의 원리와 악의 원리 사이의 투쟁을 통하여 어떻게 구원이 가능하게 되는가에 대한 칭의론(Rechtfertigungslehre)의 문제는 현대 사회에서 가장 긴급한 이슈로 제기되고 있는 악, 불의, 폭력 등의 문제해결에 중요한 단초가 된다.

칸트철학에서 악의 문제에 관한 중요한 논의들로는 다음의 저작들이 있다. Michalson, Gordon E., *Fallen Freedom: Kant on radical evil and moral regeneration*, New York 1990; Schulte, Christoph, *radikal böse: Die Karriere des Bösen von Kant bis Nietzsche*, München 1991; Anderson-Gold, Sharon, *Unnecessary Evil: History and Moral Progress in the Philosophy of Immanuel Kant*, New York 2001; Bernstein, Richard J., *radical evil: a philosphical interrogation*, Cambridge 2002.

7) Kant, Immanuel: *Zum ewigen Frieden. Ein philosophischer Entwurf.* Königsberg 1795(A), 1796(B), in: Weischedel Ausgabe Bd.9; 칸트, 『영원한 평화를 위하여』, 이한구 역, 서광사 1992, 제1,2장 참조.

④ 국가간 분쟁 요인이 될 수 있는 국채 발행 금지, ⑤ 타국의 체제와 통치에 대한 폭력 사용 금지, ⑥ 전쟁 중 암살자 고용이나 항복 조약의 파기 또는 적국에서의 반역 선동 등, 국가간의 신뢰를 손상할 수 있는 적대행위 금지이다. 칸트는 이 가운데서 ① ⑤ ⑥은 즉각적으로 시행되어야 하고, ② ③ ④는 그 시행이 연기될 수도 있다고 보았다.

이와 함께 칸트는 세계평화를 위한 세 가지 근본명제로써 국가 정체를 공화제로 확립하는 것, 자유로운 국가들의 연방제에 기초한 국제법, 보편적인 우호의 조건들에 국한되는 세계 시민법을 확정조항으로 선포하고 있다.

"모든 국가의 시민적 정치체제는 공화제(republikanisch)이어야 한다."

칸트가 말하는 '공화제'의 조건은 모든 사회 구성원들이 자유롭고, 하나의 공통된 입법에 의거해야 하며, 평등의 원칙이 보장되어야 하는 것이다. 또한 공화제는 입법과 행정이 분리된 대의제 국가를 뜻하며, 그 두 가지 권력이 집중된 전제정체와는 반대되는 개념이다. 여기에서 칸트가 강조하는 기준은 흔히 통치자가 누구냐에 따른 군주제, 귀족제, 민주제의 구분(Autokratie, Aristokratie, Demokratie)이 아니라, 권력자가 국가를 어떻게 통치하는가에 따른 공화주의와 전제주의의 구분(Republikanismus, Despotismus)이었다. 따라서 칸트는 군주제, 귀족제, 민주제의 경우 그 유형에 관계없이 입법과 행정이 분리된 대의제일 경우에 공화제로 규정하였다. 따라서 군주제일

지라도 입법과 행정이 분리되었다면 공화제이고, 민주제라고 하더라도 입법과 행정이 분리되지 않은 경우에는 전제정체가 되는 것이다. 칸트는 당시의 지식인들이 선호하였던 입헌군주제(republikanische Monarchie)를 전범(典範)으로 삼았다.

"국제법은 자유국가의 연방에 근거해야 한다."

칸트가 구상한 세계정부는 중앙집권적인 세계단일정부로서의 국제국가(Völkerstaat)가 아니라, 여러 국가들이 고유한 권리를 갖고서 참여하는 국제연맹(Völkerbund) 체제의 정부형태였다. 세계평화를 위하여 조직화된 국제연맹 또는 국제연합은 칸트의 세계평화구상에서 비롯된 것이다. 칸트의 세계연방정부론은 프리드리히 슐레겔의 세계공화국(Weltrepublik)이나 버트런드 러셀이 추구하였던 중앙집권적 세계단일정부론과는 전적으로 다른 개념이다. 특히 러셀은 세계정부가 권력과 무기의 독점으로 질서를 확립할 수 있으며, 반드시 처음부터 민주적일 필요가 없다고 함으로써 과도기적 전제정치를 허용하였다. 그러나 이와 같은 러셀의 구상은 소수 민족국가에 대한 제국주의의 폭력적 지배를 정당화할 우려가 있다.

"세계시민법은 보편적인 우호의 조건에 의하여 제한되어야 한다."

칸트는 세계 및 지구 자원의 평화적 이용을 염두에 두고서 방문권(Besuchsrecht)과 일반적인 환대(allgemeine Hospitalität)의

권리를 모두 인정하였다. 이를 통하여 칸트는 토속인들에 의한 영토의 배타적 독점이나 열강의 식민주의 정책을 동시에 견제하고자 했다. 세계 시민들은 지구의 어느 곳에나 자유롭게 방문할 수 있으며, 그곳의 정주민들은 방문객들을 환대할 책임이 있다. 그러나 18세기의 서방 제국주의 열강들은 이 방문권을 악용하여 침략과 약탈의 수단으로 삼았으며, 특히 영국은 1763년 2월 10일 프랑스와 파리 조약을 조인함으로써 북아메리카와 인도에 대한 권리를 확보하였다.

이 점에서 칸트는 제국주의적 식민주의를 비판한 선각자였다. 칸트가 사용한 '환대'의 개념은 오늘날 레비나스, 데리다, 지젝에 의하여 홀로코스트와 국제 테러리즘을 극복할 수 있는 지혜로 새롭게 해석되고 있다. 또한 칸트는 자유로운 상업 활동이 국가들 간의 평화 조성에 이바지할 것이라고 진단하였지만, 중농주의자였던 피히테는 상업을 약탈행위로 간주하여 보호무역주의를 선호하였다. 이와 반대로 헤겔은 칸트가 오히려 시민사회를 정치적으로 규정함으로써 경제적 구조를 등한시하였다고 비판하였다. 이러한 사실들은 후대의 철학자들이 칸트의 관심을 객관적으로 보지 않고 주관적 관점에서 당파적으로 이해했다는 증거일 것이다.

칸트의 『영구평화론』은 현재 진행되고 있는 정치실험이다. 그는 영원한 평화가 '공허한 이념'(leere Idee)이 아니라 근거있는 평화 유토피아(Friedensutopie)로 생각하였다. 그의 정치사상은 한나 아렌트, 존 롤즈, 오트프리트 회페, 마이클 왈처 등에게 영향을 주었으며, 『영구평화론』은 우리시대에도 여전히 효력을 지니고 있는 살아있는 고전이다. 최근 미국에서 마이

클 도일[8]과 브루스 러셋[9]을 중심으로 칸트의 영구평화론을 자유주의적 민주평화론으로 구축하려는 움직임이 있으나, 이는 칸트의 근본 의도를 왜곡하여 초강대국의 패권주의를 정당화할 우려가 있다.[10] 칸트의 평화 구상은 단순한 세력균형론이나 절대적 패권주의를 지향하지 않고, 도덕주의에 기초한 세계 국가연맹의 자유로운 의사결정을 존중하는데서 출발한다.

---

8) Doyle, Michael: *Kant, liberal legacies and foreign affairs*, in: Philosophy and Public Affairs 12 No.3(Part I, 205-235), No.4(Part II, 323-353), 1983; *Liberalism and World Politics*, in: American Political Science Review 80, No.4, 1151-1169.

9) Russett, Bruce and Harvey Starr: *From democratic peace to Kantian peace. Democracy and conflict in the international system*, in: M. Midlarsky: Handbook of War Studies II, Ann Arbor, University of Michigan 2000, 93-128.

10) 이에 대한 국내 연구로는 오영달의 「칸트의 영구평화론: 개인, 국가 그리고 국제적 분석수준」(『평화연구』 11-4, 2003), 이혜정의 「민주평화론의 패러독스: 칸트 평화사상의 왜곡과 오용」(『한국정치외교사논총』 29-2, 2008) 등이 있다.

4. 헤르더와 인류역사의 철학

헤르더(Johann Gottfried Herder 1744~1803)는 쾨니히스베르크 대학에서 칸트와 하만의 지도를 받았다. 칸트와 하만은 '계몽'과 '반계몽'의 기치 아래 치열한 논쟁을 벌였는데, 바로 그 둘 사이에서 헤르더의 사상이 잉태되었다.[1] 그는 프로이센 제국의 경건주의자였으나 프리드리히 대제의 계몽된 제국에 대해서는 반감을 가졌다. 따라서 칸트로부터 점점 멀어지게 되었고, 1784년부터 칸트와 헤르더 사이에 인류 역사의 철학에 관한 논쟁이 심화되면서 둘 사이의 철학적 입장은 확연한 차이를 갖게 되었다. 헤르더는 『인류의 도야에 대한 또 하나의 역사철학』(*Auch eine Philosophie der Geschichte zur Bildung der*

1) 헤르더 관련 국내 연구논문으로는 박의경의 「헤르더(Herder)의 문화민족주의」(『한국정치학회보』 29집 1호, 1995)와 「헤르더의 자유, 인본성 그리고 휴머니티 공동체」(『한국정치학회보』 31-4, 1997), 최성환의 「칸트와 헤르더의 역사 개념」(『칸트연구』 5, 1999), 김대권의 「헤르더의 초기 사상 연구」(『독일어문화권연구』 12, 2003), 「독일 역사철학의 오리엔탈리즘: 칸트, 헤르더, 헤겔을 중심으로」(『담론201』 7, 2004), 박용희의 「비유럽 사회와 문화에 대한 칸트와 헤르더의 인식」(『서양사연구』 35, 2006), 김완균의 「헤르더의 '민족' 개념 이해」(『독어교육』 39, 2007), 김윤상의 「헤르더와 인간학적 전환 (1)」(『카프카연구』 20, 2008) 등이 있다.

Menschheit, 1774)에서 제기했던 주제를 형이상학, 도덕, 물리학, 자연사, 종교, 역사, 언어학, 인류학, 심리학에 이르기까지 확장하는 거대한 기획을 시도하였다. 『인류의 역사철학에 대한 이념』(*Ideen zur Philosophie der Geschichte der Menschheit*, 1784)이 바로 그것이다. 헤르더는 이 책에서 자연소질의 기원에서 인류 문화의 기원을 이해하는 방식으로 역사 문제를 접근하고 있다.

이사야 벌린은 헤르더 사상의 특징을 세 가지로 정리하였는데, 그것은 첫째로 사람들이 고유한 스타일의 전통, 역사적 기억, 언어를 가진 공동체 집단(민족)에 소속되어 있다는 사실, 둘째로 인간의 문화적 창조 행위는 역사적 통찰력과 상상력에 기초한 감정이입을 통해서만 이해될 수 있다는 사실, 그리고 셋째로 어떤 특정한 문화도 절대적 보편적 가치에 의하여 재단될 수 없는 고유한 독특성을 가지므로 다양성과 차이성을 존중해야 한다는 사실이다.2) 이사야 벌린은 이같은 헤르더 사상의 특징들을 대중주의(populism), 표현주의(expressionism), 다원주의(pluralism)라는 개념으로 다소 부적절하게 집약하였다. 그럼에도 불구하고 헤르더가 계몽주의를 지지하면서도 비판하고자 했던 양면성을 세 가지 사실로 정확하게 포착해낸 이사야 벌린의 혜안에 놀라지 않을 수 없다. 헤르더 스스로 보편주의와 상대주의, 개인과 국가, 민족과 인류 전체 등에 연관된 진술에서 혼란과 모순을 드러낸 것은 그의 기본적 입장이 계

---

2) Berlin, Isaiah: *Vico and Herder, Two Studies in the History of Ideas*, London 1976, xxi-xxiii, 153; 이사야 벌린, 『비코와 헤르더』, 민음사 1997, 21-24, 309쪽 참조.

몽주의의 지지자인 동시에 비판자였기 때문이다.

헤르더에게 역사는 우선 자연사의 일종이다. 그래서 그는 인간이 거주하고 있는 지구가 우주 항성들 중의 하나이며, 인간이 출현하기 이전에 자연은 부단한 진화를 거듭했다는 사실로부터 논의를 시작한다. 그에게 이 세계, 즉 자연은 하나의 거대하고 조화로운 힘이며, 그것은 가시적인 물체들의 단계와 불가시적인 유기적 힘(Kraft)으로 구성되어 있다. 모든 존재는 동일하고, 분리될 수 없는 개념이다. 큰 것이나 작은 것을 막론하고 모두 하나의 법칙에 근거하고 있다는 것이다. 이는 세계 조직의 구조가 모든 인간 존재의 원핵을 영원히 보장한다는 것을 뜻한다. 이 점에서 그는 칸트와는 달리 일원론적 세계관에 기초하고 있다. 또한 헤르더는 인간의 현존을 "모든 힘들의 체계 속에 있는 하나의 힘"(eine Kraft im System aller Kräfte)이자 "원대한 하느님의 세계의 조화 안에서의 본질"이라고 규정하였다.[3] 여기에서 헤르더의 인간 이해는 자연사의 관점과 신학적 관점이 혼재되어 있음을 알 수 있다. 그는 인류역사를 통하여 신성한 계획이 실현되고 있다는 사실을 암시하였다. 동시에 그는 인간을 자연의 진화적 산물인 동시에 하느님의 피조물로 파악했다.

헤르더의 역사 이해는 진화론적이다. 그는 자연에서의 유기적 힘들은 공기, 물, 대지가 생성될 수 있도록 작용하는 동시에 암석과 어패류, 식물, 동물, 인간에 이르기까지 수많은 변형과 혁명을 거쳐 왔다고 주장한다.[4] 그 가운데서도 인간의

---

3) Herder, *Ideen,* I, Erstes Buch, I, 24; 47.

4) Herder: *Ideen*, I, Erstes Buch, III, 30; 50.

지위는 독특하다. “우리들 인간만이 우리 별의 조화에 나타난 하나의 소리이자 하나의 색상인 것이다.”5) 그는 이렇게 말한다: “인간, 그는 모든 원소들과 존재들의 아들이며, 가장 정선된 정수요, 말하자면 창조의 꽃이다. 그는 자연의 궁극적인 총아 이외의 다른 것일 수 없으며, 그가 출현하기까지 많은 발전과 혁명이 선행되어야 했던 것이다.”6) 여기에서 헤르더는 인간이 출현하기 이전에 자연의 수많은 발전과 혁명, 즉 진화가 이루어졌다는 사실을 전제한다. 이로부터 그는 대지의 형태와 기후의 다양성이 여러 민족들이 전개한 역사의 상이성에 대한 근거가 될 수 있다고 믿었다. 인간이 지상생활을 통하여 갖추게 된 지구 지성(Erdverstand)이나 인간의 덕(Menschentugend) 조차도 지구의 구조나 그 이전의 자연적 진화 과정에 의하여 규정되고 있는 것이다. 이 점에서 헤르더는 칸트의 선험적 구조들조차도 후천적으로 형성되었다고 주장하는 진화론적 인식론자들의 선구로 평가할 수 있다.

헤르더는 『이념들』 제2권(55-76; 65-77)에서 우리의 지구가 매우 다양한 존재들로 조직된 거대한 공장이라는 사실로부터 시작하여 동식물과 인류 역사의 연관성, 기후에 의한 동물과 인간의 변화, 그리고 인간이 지구상의 동물들 가운데서 중심적 피조물(Mittelgeschöpf)이라는 사실들을 다루고 있다. 이로써

---

5) Herder: *Ideen*, I, Erstes Buch, II, 29; 49.

6) Herder: *Ideen*, I, Erstes Buch, III, 31; 51; Kant, Immanuel: *Johann Gottfried Herder: Ideen zur Philosophie der Geschichte der Menschheit*, Erster Teil, Hartknoch, Riga und Leipzig 1784, A17. 칸트: 「헤르더의 인류 역사의 철학에 대한 이념들」, 『칸트의 역사철학』, 47. 이하 *Kant: Ideen*으로 줄임.

그는 대지의 구조가 자연의 힘들에 영향을 받아서 형성되었다는 사실을 보여주고자 했다. 또한 헤르더는 인간에게서 멀리 있는 짐승들은 그 개체수가 늘어가지만 가까이 있는 것들은 줄어든다고 함으로써 현대의 생태주의적 관점을 선구적으로 조망하기도 했다. 그는 모든 것이 형성되는 과정들에서 하나의 동일한 유기체적 성향이 유비적으로 관찰된다고 주장하였다. 다양한 것들 속에서도 통일성의 원리를 발견하고자 했던 것이다. 그가 모든 존재들 중에서도 인간의 특별한 위치에 대하여 언급하면서, "인간은 동물들 가운데서 중심적 피조물(Mittelgeschöpf)이고, 그 주위에 있는 모든 존재자들의 특성들을 가장 훌륭한 총체 개념 속에 배합하여 만든 형상"7)이라고 강조한 것은, 그가 진화론을 전제하면서도 기독교 신학자로서 창조론을 배제하지 않고 있다는 사실을 확인시켜 준다

헤르더는 『이념들』 제3권(77-115; 79-101)에서 식물과 동물의 구조를 인간의 구조와 비교하면서, 동물 속에서 작용하는 많은 유기적인 힘들, 특히 충동을 다루고 있다. 생명체는 식물적인 삶으로부터 생동적인 자극을 산출하고, 그런 자극의 총체로부터 정화된 감각이 산출된다. 자극의 결과는 충동이고 감각의 결과는 사고이다. 그리하여 모든 생명체 속에서는 유기적인 창조의 과정이 영원히 지속된다. 이 모든 생명체의 현상들을 가능하게 하는 것은 바로 유기적인 힘들이다. 식물의 생장, 근육의 자극, 감각 등과 같은 수많은 유기적 힘들이 존재한다. 동물의 영혼은 하나의 유기체 속에 작용하는 모든 힘

7) Herder: *Ideen*, I, Zweites Buch, IV, 74; 76.

들의 총체이다. 본능은 자연이 그 총체적인 힘들에게 자신의 체온을 통해 부여한 방향이다.

자연의 유기적 원리는 광물에서는 '형성적'(bildend)이고 식물에서는 '충동적'(treibend)이며, 그밖의 경우에는 '감각적'(empfindend) 또는 '발명적'(künstlichbauend)으로 불리지만, 그것들은 근본적으로 동일한 유기적 힘에 지나지 않는다. 헤르더는 인간의 가장 결정적인 특징은 직립보행이고, 그 결과로써 이성이 주어졌다고 생각하였다. 인간의 이성은 생득적인 것이 아니라 획득된 것이다.[8)]

헤르더는 『이념들』 제4권(116-165; 105-130)에서 지구에서 인간의 특수한 위치는 직립보행에 의한 것이라고 판단하였다. 인간은 직립보행을 통하여 기술과 언어를 창조하고, 생각과 능력의 학습 결과로서 이성을 갖게 되었다는 것이다. 이성은 후천적으로 획득된 것이다. 또한 그는 직립보행으로부터 자유, 평화, 이성간의 사랑, 동정, 모성애와 같은 인간성(Humanität)[9)]의 단계들이 나타났다고 보았다. 신은 인간에게 정의와 진리의 규칙이나 예절과 종교와 같은 최고 단계의 인간성을 갖게 함으로써 인간 자신도 모르는 상태에서 사물의 원인을 파악하고 최고 걸작품으로서의 자기 자신을 발견할 수 있게 되었다는 것이다. 거기에다가 종교는 불멸에 대한 희망과 믿음을 심어주었다.

헤르더는 『이념들』 제5권(166-199; 131-149)에서 종교의 문

---

8) Herder: *Ideen*, I, Viertes Buch, IV, 144; 119.

9) 헤르더의 '인간성' 개념 분석은 Gehrhart Schmidt, *Einleitung*, in: Herder, *Ideen*, Bodenheim 1955, S.11ff 참조.

제를 심층적으로 다루고 있다. 광물, 결정체, 금속, 식물, 동물, 인간에 이르기까지 상승 작용을 일으키는 자연의 힘들은 인간 안에서 가장 절묘한 방식으로 유기적인 결합을 이루어낸다. 인간은 세계의 편람이다. 그 속에는 모든 원소적 요소들과 생장, 자극, 감각 등이 들어 있다. 따라서 헤르더에게 정신과 물질은 대립적이고 모순적인 것이 아니며, 전성설에서처럼 '미리 형성된 씨앗'(präformierte Keime)도 존재하지 않는다. 헤르더는 어떤 것이 외부로부터 생장되어 나온다는 이른바 개체신생설도 부정하였다. 그 모든 것을 가능하게 하는 것은 '보이지 않는 힘의 영역'이 존재하기 때문이며, 그로 인하여 영혼의 불멸과 세계에서 작용하는 생동적인 힘의 지속성이 설명될 수 있다. 인간 종족은 "낮은 단계에 있는 유기적 힘의 거대한 통합"이고, 바로 거기에서 '순수한 불멸의 꽃'인 '인간성'이 출현하는 것이다. 인간의 영혼 속에는 세계의 힘이 숨어 있으므로 인간의 힘은 무한하다고 보았다.

헤르더는 『이념들』 제2부에서 지구상의 다양한 민족들의 고유성과 인간적 삶의 세 가지 주요 형태인 이성, 인간성, 종교의 문제를 심층적으로 다루고 있다.[10] 그는 제6권(209-250; 153-176)에서 기존의 저술들을 활용하여 북극 주변, 아시아, 아프리카, 열대 도서 및 아메리카 지역의 민족들에 대하여 정리하고 있다. 그는 이러한 '종족의 상이성'(Verschiedenheit unseres Geschlechts)과 '인류의 다양성'(Diversität der Menschheit)에 대한 철학적, 박애주의적 저술 작업을 통하여 인류에 대한

10) Kant: *Ideen*, A153-156, 『칸트의 역사철학』, 63-73.

제대로 된 자연학(Naturlehre)과 골상학(Physiognomik)의 기초를 수립할 수 있는 '지구상의 인간학적 지도'(anthropologische Karte der Erde)를 그리고자 하였다.[11] 헤르더는 『이념들』 제7권(251-285; 177-196)에서 지구상에 있는 다양한 형태의 인류가 결국 하나의 동일한 인간종족(Menschengattung)이라는 사실을 환기시키고 있다.[12] 이 하나의 동일한 인간종족을 서로 다르게 규정하는 가장 특징적인 것은 바로 기후이며, 그 밖에 각 지역의 특색과 산물, 생활 습속, 예술 등이다. 생명체가 생존하기에 유리한 지상에 밀집된 주거지가 형성되어 공동의 풍토가 생겨났으며, 지구 위에 있는 모든 것을 형성하는 어머니로 비유되는 '유전적 힘'(genetische Kraft)이 기후와 작용하면서 변화를 초래한 사실을 피력하고 있다. 그러나 헤르더는 피부색 등에 의한 인종 구분을 거부하였으며, 단지 인간 사이의 풍토적 차이의 원인이 '유전적 힘'에 근거한다고 보았다. 헤르더는 여기에서 진화론과 외적인 것에 의한 기계적 영향 모두를 부정하면서, 그 외부 조건들에 대하여 스스로 적응하면서 변화해 나가는 어떤 내적 생명의 원리를 강조하고 있다. 칸트는 이를 형성적 자연의 '맹아' 혹은 '근원적 성향'이라고 보면서도, 그것들이 간단하게 설명될 수 있는 성질이 아니라고 진단하였다(A155;69).

11) Herder: *Ideen*, II, Sechstes Buch, VII, 250; 176.

12) 콜링우드는 인류가 환경적 영향으로 인하여 독특한 민족성을 갖게 된다는 헤르더의 이론이 결국 인종이론으로 전개될 수밖에 없다고 지적했다(Collingwood, R.G.: *The Idea of History*, Oxford 1946, p. 91). 그러나 헤르더를 인종주의자로 평가한 콜링우드의 주장은 헤르더의 취지를 곡해한 것이다.

헤르더는 『이념들』 제8권(286-335; 197-224)에서 인간의 감관 사용, 구상력, 실천적 오성, 충동, 행복, 전통, 의견, 훈련, 습관 등을 다루었다. 제9권(336-379; 225-249)에서 그는 인간 자신의 능력을 계발하기 위한 타인과의 관계 설정, 언어 사용, 학문과 기술의 발달, 전통 수립, 사회질서 체제로서의 정부, 종교 전통 등에 대한 분석을 시도했다. 특히 종교는 지구에서 가장 오래된 그리고 가장 성스러운 전통이다.

또한 제10권(380-423; 251-275)에서 헤르더는 최초인간의 출현, 세계 및 인류 창조에 관한 아시아인의 전설, 유대교의 창조 역사를 언급하고 있다. 여기에서 헤르더는 합리적 도덕적 피조물로서의 인간이 향유하는 교육과 문화의 기원을 진단하고자 하였다. 그는 인류문화의 발전은 어떤 근원적인 전통이 형성, 성장, 확대되는데 있다고 판단하였다. 그는 인류문화의 최초의 기원을 가장 오래된 지혜인 유대교에서 발견하였다. 그러나 칸트의 경우에는 철저하게 기독교 중심적이며, 따라서 최초에 창조된 인간이 신의 가르침을 따르다가 언어와 지배적인 이성을 얻게 되고, 끝내 희생을 치르면서도 금지된 악에 관한 지식으로 새로운 문명의 삶을 시작한 점에 대해서, 칸트와 헤르더 사이의 불일치가 관찰된다. 칸트의 경우에 그것은 '근본악'으로 해석되고 있다.

5. 칸트의 헤르더 비판, 그리고 '인간성의 이상'

헤르더는 1762년 8월 21일 처음으로 칸트의 형이상학 강의를 청강했으며, 이 때 그는 합리적 영혼론 중에서 정신학(Pneumatologie)에 관하여 들었다.[1] 헤르더는 비판기 이전 칸트의 중요 테제들에 접하면서 『존재에 관한 시론』(*Versuch über das Seyn* 1764), 『형이상학의 꿈을 통하여 설명한 스베덴보르그의 시령자의 꿈에 관한 서평』(*Rezension über Swedenborgs Träume eines Geistersehers, erläutert durch Träume der Metaphysik* 1766)을 썼으며, 『철학은 인간학으로 귀착된다』(1765)라는 독자적인 저술을 남기기도 했는데, 여기서 헤르더가 지적한 사실은 『순수이성비판』 2판에서 칸트가 프톨레마이오스 체계로부터 코페르니쿠스 체계로의 전환을 강조했던 맥락과 비교할 만하다.

또한 헤르더는 칸트의 『자연지리학 강의』와 『보편적 자연

---

1) Kant, Immanuel.: *Aus den Vorlesungen der Jahre 1762-1764. Auf Grund der Nachschriften J.G. Herders.* hg. v. H.D. Irmscher, Köln 1964 [Kant-Studien, Ergänzungshefte Nr.88], S.80. Vgl.: *"Kant und Herder. Die Geschichte ihrer Beziehungen"*, in: Herder Schriften Bd.8, Frankfurt 1998, S.1067.

사와 천체론』(쾨니히스베르크와 라이프치히 1755)에서 그 자신의 역사철학을 구성하는데 많은 도움을 얻었다. 그것은 헤르더의 『인류의 역사철학에 대한 이념들』에서 다른 지구상 피조물의 전개와의 연관뿐만 아니라 우주 전체 안에서의 위치와 과제를 규정하는데도 결정적인 영향을 주었다. 칸트 역시 헤르더에 대한 열광적 태도를 숨기려 하지 않았다.

그러나 칸트는 헤르더의 저서 『태고시대의 인간 종족의 흔적』(*Älteste Urkunde des Menschengeschlechts* 1774-1776)을 계기로 그에 대하여 실망하였으며, 그 후부터 헤르더에 대한 칸트의 태도는 거칠고 험해졌다.[2] 헤르더가 『인류의 도야를 위한 또 하나의 역사철학』(1774)을 저술하자, 칸트는 1775년에 『인간의 상이한 종족에 관하여』(*Von den verschiedenen Rasse der Menschen*)를 발표했는데, 이 저술은 칸트가 학위논문(1770)을 발표한 이후 『순수이성비판』(1781)을 출판할 때까지 나온 유일한 작품이다. 1784년에 칸트는 『세계시민적 관점에서 본 보편사의 이념』(*Idee zu einer allgemeinen Geschichte in weltbürgerlicher Absicht*)을 발표했고, 헤르더는 『인류의 역사철학에 대한 이념들』 제1부와 2부를 내놓았다. 칸트는 『예나 일반 문예시보』(*Jenaische Allgemeine Literatur-Zeitung*)에 이 책에 대한 서평을 1784년 4월(제1부)과 1785년 8월(제2부), 두 차례에 걸쳐서 발표했다. 그 사이에 라인홀트(K.L. Reinhold)가 익명으로 비란트(Wieland)의 『도이첸 메르쿠어』(*Deutschen Merkur*) 2월

---

2) Irmscher, Hans Dietrich: *Die geschichtsphilosophische Kontroverse zwischrn Kant und Herder*, in: Bernhard Gajek, Hg., *Hamann-Kant-Herder*, Frankfurt 1987, S.119f.

호에 헤르더를 옹호하는 글을 기고하자 칸트는 그에 대한 반론을 『예나 일반 문예시보』 4월호 및 부록에 실었다.

칸트가 쓴 두 편의 논문 「인간 종족의 개념 규정」(*Bestimmung des Begriffs einer Menschenrasse*, 1785)과 「추측해 본 인류 역사의 기원」(*Mutmaßlicher Anfang der Menschengeschichte*, 1786)이 『베를린 월간지』(*Berlinische Monatschrift*)에 출판되자, 게오르크 포르스터(Georg Forster)가 「인간 종족에 대한 이의」(*Noch etwas über die Menschenrassen*)라는 글로써 칸트를 논박했으며(*Deutsche Merkur* 1786), 이어서 헤르더의 『이념들』 제3부(1787)도 출간되었다.

칸트는 이들에 대하여 즉각적인 답변 대신에 『철학에서 목적론적 원리들의 사용에 관하여』(*Über den Gebrauch teleologischer Prinzipien in der Philosophie* 1788)라는 글로써 자신의 입장을 제시했다. 그러나 칸트는 『이념들』 제4부(1791), 『인간성의 촉진을 위한 서한집』(*Briefe zur Beförderung der Humanität* 1793-1797), 그리고 『순수이성비판의 메타비판』(*Metakritik zur Kritik der reinen Vernunft* 1799) 등으로 계속 이어지는 헤르더의 비판에는 더 이상 대응하지 못했다. 칸트의 입장에서 볼 때 헤르더의 생각은 이미 자신의 철학적 태도로부터 너무나 멀어져 갔으며, 따라서 더 이상의 대응은 불필요하다고 판단했던 것이다.

이제 인류역사에 대한 칸트와 헤르더의 철학적 관점의 차이를 구체적으로 살펴보고자 한다.

칸트의 헤르더 「서평」(1784)[3]과 그에 대한 헤르더의 반박은 이른바 선험적 비판주의(Kritizismus)와 낭만적 역사주의(Historizismus)의 불꽃 튀는 대결 구도를 형성했지만,[4] 두 사람 모두 서로의 주장에 대해서 충분한 이해가 부족했던 것으로 보인다.[5] 칸트는 헤르더의 전체적인 의도를 살피지 못하고 『이념들』을 역사철학적 작업으로 인정하지 않았던 것이다. 칸트는 헤르더의 역사철학적 저술들 이외에 『순수이성비판에 대한 메타비판』(1799)에 대해서는 체계적으로 다루어내지 못했다. 헤르더 역시 칸트의 비판을 감정적 차원에서 받아들임으로써 사변철학과 낙관적 계몽주의의 진정한 의도를 간파하지 못했다. 그럼에도 불구하고 칸트의 제자였던 헤르더가 역사철학 분야에서는 그보다 우월한 위치에 있다는 것은 일반적으로 인정되는 사실이다.[6]

헤르더는 그의 『이념들』 제1부 1권에서 칸트의 『보편적 자연사와 천체 이론』을 인용하면서, 인간의 역사를 매우 추상적인 '하늘'(Himmel)로부터 시작하고 있다.[7] 여기에서 헤르더는

3) Kant, Immanuel: *Rezension zu Johann Gottfried Herders Ideen*, Riga und Leipzig 1784(Erster Teil), 1785(Zweiter Teil); *Erinnerungen des Rezensenten der Herderschen Ideen zu einer Philosophie der Geschichte der Menschheit über ein im Februar des Teutschen Merkur gegen diese Rezension gerichtetes Schreiben*.

4) 만프레드 리델은 칸트와 헤르더의 논쟁을 비판주의와 역사주의로 대치시키고 있다. 물론 포퍼 식의 역사주의 개념에 의한다면 칸트도 역사주의자로 분류될 수 있다. Riedel, M.: *Historizismus und Kritizismus*, in: ders.: *Urteilskraft und Vernunft*. Frankfurt 1989, S. 148f.

5) 최성환, 「칸트와 헤르더의 역사 개념」, 『칸트연구』 5, 1999, 308쪽 참조.

6) Riedel, M.: *Kritik der historisch urteilenden Vernunft. Kants Geschichtsphilosophie und die Grundlagenkrise der Historiographie*, in: ders., *Urteilskraft und Vernunft*. Frankfurt 1989, S.147.

인류의 역사를 우주 전체로부터 시작되는 자연사의 일부로 파악하는 동시에, 지구를 세계 존재의 중간 존재, 그리고 인간을 모든 피조물 가운데서 중심적 피조물로 규정한다. 신의 섭리에 근거한 자연주의와 인간중심주의를 동시에 전제하고 있는 것이다. 헤르더에서 자연은 여러 힘들의 통일체이다. 그것은 신비하고 역동적이고 특정한 목적을 지향하는 힘들이 충돌하고 유착하고 결합하는 상호작용을 통하여 온갖 종류의 운동과 성장을 주도하는 통일체인 것이다. 다른 한편 그는 역사를 인간의 본성으로부터 '인간성'(Humanität)의 전개라는 차원에서 기술하였는데, 그것은 결국 신적 계획이나 섭리가 실현되는 것과 다르지 않았다. 이 두 가지 관점들은 결국 자연 존재로서의 인간 본성의 무한 발전의 배후에 신 존재가 있다는 사실로 통합된다.

헤르더는 학문이나 시대와 민족에서 인간 영혼 일반의 역사적 전개를 '감정이입'(Einfühlen)이라는 방식을 도입하여 생동적으로 기술하고자 했다.[8] 각각의 민족 문화는 독특한 의미를 가지며, 따라서 그것을 어떤 다른 것으로 규정하는 것은 잘못이라고 본다. 감정이입이란 인식하고 행위하고 느끼는 존재로

---

7) Herder: *Ideen*, I, Erstes Buch, I, 21; 45.

8) 이사야 벌린은 헤르더 사상의 특징을 "특정한 문화의 기준에 의해 다른 문화를 판단해서는 안 된다는 것, 문명이 다르면 성장하는 방식도 추구하는 목표도 생활하는 방식도 삶을 바라보는 태도도 다르다는 것, 따라서 다른 문명을 이해하기 위해서는 '감정이입'이라는 상상적 행위를 통해 그 문명의 본질에 침투해야 하고, 그 문명을 가능한 한 '내부로부터' 이해해야 하며, 그 문명의 시각으로 세계를 바라보아야 한다는 것"에서 포착했다. 이사야 벌린, 『비코와 헤르더』, 민음사 1997, 413쪽.

서의 인간이 자신의 총체적인 인식 능력을 통하여 실재적인 현실을 위한 상상력을 작동시키는 것이다. 있는 것을 있는 그대로 이해하는 방법이 바로 감정이입이다. 한 민족의 기질이나 문화를 정확하게 이해하려면 그 민족에 대해서 공감하는 것으로부터 시작해야 한다. 천구(天球)마다 고유한 중력의 중심이 있듯이 모든 민족들 역시 고유한 문화적 지향점이 있다. 공감이란 우리의 감정을 그 중심점을 향하여 침투하고 몰입하는 것이다. 헤르더는 립스(Lipps), 딜타이(Dilthey), 크로체(Croce) 보다 100년을 앞서서 이 독특한 해석학적 방법을 창안한 것이다.

문제는 헤르더의 '감정이입'의 해석학과 '인간성의 이상'(Ideal der Humanität)이라는 보편적인 이념이 서로 다른 차원을 전제한다는 사실이다. 감정이입은 다양한 민족 문화의 차이를 있는 그대로 이해할 수 있는 유일한 방식이고, 그때마다 가장 자유롭게 발현된 특정한 민족의 영혼의 상상과 감정에 연관을 맺는 것이다. 그러나 그것이 어떻게 가능한 것일까? 각 문화가 저마다의 조화이고, 그 단일한 조화들의 우주적 심포니가 역사라고 한다면, 어떻게 서로 다른 문화권에서 감정이입이 가능할 수 있으며, 서로 다른 문화 다발들 속에서 헤르더가 말한 '인간성'과 같은 통일적인 역사 이념의 발전을 언급할 수 있는 것일까?

인간다움, 인간됨, 인간성의 이상이란 모든 불멸의 영혼들이 건강, 이성, 자유, 관용, 사랑, 상호존중 등과 같은 보편적 가치를 조화롭게 실현할 수 있는 방향으로 발전해가는 것을 뜻한다. 그런데 특정한 민족 문화의 발전이 그 고유한 생태환경(habitus) 안에서 가능하고, 그것이 다시 자연의 다양한 힘들의 상호작용에 의하여 주어진 것이라면, 인간성의 이상이 여러 문화 속에 보편적으로 구현될 수 있는 유일한 가능성은 바로 자연과 인간의 인과법칙의 일치라는 조건에서만 주어질 수 있을 것이다. 이 점이 바로 칸트와 헤르더의 근본적인 차이다.

칸트의 비판주의에서는 자연의 세계와 도덕의 세계는 구조적으로 완전히 다른 법칙에 의해서 지배되고 있으며, 따라서 칸트는 도덕이나 역사와 같은 실천적인 문제들은 이론이성이 구성적으로 다룰 수 없는 규제적 이념으로 한정시켜 놓았다. 그와 반대로 헤르더는 자연과 인간의 세계가 하나의 동일한 법칙에 의하여 지배되고 있으며, 따라서 그는 칸트가 제기한 경험 가능성 조건에 대한 물음을 역사 문화적 상황의 해석 가능성 조건이라는 문제로 변형시킨 것이다.[9] 이를 위하여 헤르더는 칸트의 순수이성 대신에 언어이성(sprachliche Vernunft)을 도입하였으며, 그 때문에 언어(Sprache)와 그 언어를 사용하는 민족의 문제가 바로 역사 인식의 관건으로 등장하게 되었던 것이다.

칸트는 헤르더의 『이념들』 제1부에 대한 서평에서 인류 역사의 철학에 대한 그의 시도가 천재적이고 독특하다는 사실을 인정하면서도, 그가 동시대의 인간학, 인종학, 자연사의 언어와 자료를 무비판적으로 사용하고 역사서술을 자료나 구체적 사실이 아닌 추상과 시적 상상력에 근거함으로써 또 하나의 독단적 형이상학을 만들었다고 비판하였다.[10] 칸트는 헤르더

---

9) 이에 대해서는 Theodor Litt: *Kant und Herder als Deuter der geistigen Welt*, Heidelberg 1949, S. 225 참조.

10) Kant: *Herders Ideen*, A17-22, 칸트: 「헤르더의 인류 역사의 철학

가 자연을 무생물에서 식물, 동물, 인간으로 점진적으로 발달되는 유기적 조직체로 기술하고 있으나, 어떤 발생적 원리(genetisches Prinzip) 없이 생물의 자연사적 연속(등급)으로부터 완성된 형태의 조직을 추론하고 있다고 비판했다. 칸트에서는 자연 목적의 이념이 규제적으로 한정되지만, 헤르더에서는 구성적인 의미차원에서 사용되고 있다. 바로 그 때문에 칸트는 헤르더의 경험 우위적 태도를 비판하는 것이다. 특히 헤르더가 자연 목적을 '물질적 근본력'이나 '보이지 않는 힘들의 영역'으로 유추 기술하는 것은 역사적 지식의 가능성 조건을 넘어서는 일로써 역사형이상학(Geschichtsmetaphysik)에 해당된다고 보았다.

또한 헤르더는 자연사와 인간사의 원칙들을 뒤섞어 기술함으로써 역사철학의 모호성과 불명료성을 초래하였으며, 인간을 자연산물(자연목적)과 동시에 신의 피조물(창조의 궁극목적)로 파악함으로써, 과학과 형이상학, 생(물)리학과 신학을 동일한 것으로 취급하여 필연적으로 딜레마를 초래했다고 비판하였다. 칸트는 자신이 이성비판을 통하여 구분했던 이성의 이념이나 목적 개념을 헤르더가 구성적인 맥락에서 사용함으로써 이율배반에 직면하게 되었다고 비판한 것이다.[11]

칸트와 헤르더의 차이는 행복 개념에 대한 상이한 이해에서

에 대한 이념들」, 『칸트의 역사철학』, 46, 55-59. Weyand, Klaus: *Kants Geschichtsphilosophie, ihre Entwicklung und ihr Verhältnis zur Aufklärung.* Köln 1963, S.113ff.

11) 라인홀트는 헤르더의 형이상학 정신은 칸트와는 다른 것이므로 칸트의 헤르더 비판이 정당하지 않다고 주장하면서, 칸트를 '형이상학적 정통주의'(metaphysische Orthodoxie)라고 비난했다. Weyand, 119f.

도 나타난다. 칸트에 의하면 행복의 개념은 유(Gattung) 개념으로서의 인간이나 지상에서의 하느님의 나라인 도덕적 공동체에의 무한한 접근 노력을 통하여 달성될 수 있다. 칸트에서 인간 유 개념은 '무한(무규정성)을 향한 산출 계열의 전체'이다.[12] 인간의 역사는 시공간 속에서 구성되는 세대의 연속(생식)을 뜻한다. 따라서 그것은 시간적으로 실재적이고 끊임없는 진보, 즉 인간적인 삶의 무한계열을 전제하고 있으므로, 그 완성에 대한 요구는 하나의 이상적인 목표에 불과하다. 반대로 헤르더는 행복이 우선 국가보다는 각각의 개인들이 가슴으로 추구하는 선의 내적 상태라고 생각하였다.[13] 자연은 모든 인간에게 그가 서있는 시대와 처소에서 자신의 지복을 향유하도록 창조했다는 것이다. 그러나 칸트가 생각하기에 헤르더는 자연의 최종목표이자 역사의 궁극목표인 행복 개념을 개인에게 집중시키는 오류를 범하였다.

그렇다고 해서 칸트와 헤르더의 행복에 대한 이해가 언제나 적대적인 것은 아닌 것 같다. 우선 칸트는 행복이 인간의 도덕적 완성을 향한 노력에 대한 실천적 보상의 의미에서 유효할 수 있다고 보았다. 따라서 칸트의 행복은 개인의 도덕적 실천과도 연관이 있지만 지상에서의 하느님의 나라와 같은 윤리적 공동체의 도덕성 고양과도 직접 관련되어 있다. 반면에 헤르더는 행복을 개인이 추구할 선이라고 규정하고, 국가 역시 그와 같은 개인들의 행복추구를 목적으로 한다고 보았던 사실에서 칸트와 차이를 드러낸 것처럼 보이지만, 실제로 칸트와 헤

12) Kant: *Herders Ideen*, A156, 『칸트의 역사철학』, 73.

13) Herder: *Ideen*, II, Achtes Buch, V, 327-335; 220-224.

르더에서의 행복 개념이 도덕적 주체에게 주어져야 할 보상적 의미를 가진 선(善)이라는 점에서는 동일하며, 거기에서 개인과 공동체의 구별은 본질적인 것이 아니다.

칸트가 '도덕적 세계질서'를 지향한 것과는 달리 헤르더의 역사철학은 '인간성'의 이상을 지향하고 있다. 인간성은 역사에 통일성과 의미를 부여해주는 하나의 보편적이고 구속적인 규칙이다. 헤르더는 구체적인 경험 사실들에 기초한 구성적 의도를 바탕으로 하여 이와 같은 인간성의 이상이 신적 섭리와 일치하는 것으로 기획하였다. 그리하여 신적인 섭리가 모든 만물 속에서 작용하는 것처럼, 인간성의 이상 역시 모든 개인들의 삶과 모든 민족들의 문화 속에 배태되어 있다는 주장이 가능하게 되었다. 역사의 전개와 발전에 필연적인 구성 요소인 모든 개인들과 민족들은 인간성의 발전, 즉 인간성의 이상을 실현해 나가는데 필수적인 계기들이다. 따라서 그 각각의 계기들은 고유한 내용을 가지고 있으며 다른 것들과 비교할 수 없는 독립적 가치를 가지고 있다. 따라서 하느님의 나라에서는 단순히 수단인 것은 존재하지 않으며, 모든 것이 수단인 동시에 목적으로 존재해야 한다. 이것은 바로 어느 한 개인의 행복조차도 국가 또는 지배질서의 관심 대상이어야 한다는 사실을 암시한다. 바로 이 점에서 헤르더는 칸트의 목적의 왕국을 개인이나 국가의 구별 없이 확장하려고 했던 사실을 확인할 수 있다.

헤르더에서 역사는 유한성에서 무한성을 조망하는 것이고, 민족과 시대를 통한 역사 진행에서 신의 섭리와 위력을 자각하는 것이다. 이것이 바로 역사는 신의 섭리와 인간성의 이상이 합일되는 차원을 향하여 진행한다는 헤르더의 핵심 주장 내용이었던 것이다. 여기에서 헤르더의 민족주의는 인간성을 바르게 이해하는데 절대적으로 필요한 부분이다.[14] 어떤 학자들은 헤르더에서는 개인보다 민족이 더 중시되고 있다거나,[15] '인간적 공동체' 개념이 헤르더 사상의 핵심이라고 주장하기도 한다.[16] 그러나 헤르더의 자연철학적 구조에 대한 이해를 가지고 있다면 그와 같은 이해는 단편적일 뿐이다. 헤르더는 개인이나 인간 사회의 다양성을 존중했으며, 문화적 동질성을 가진 민족 단위나 그 정치적 결사체로서의 민족국가의 정당성까지 인정하였다. 이 모든 단계에서 언제나 기본적으로 전제되고 지향되는 것은 바로 '인간성'이기 때문이다. 자연 사물의 전 단계에서 언제나 이미 '유기적 힘들'이 전제되고 있는 것과 같이, 인간적 삶의 모든 활동에서는 인간성이 나타나고 있다. 자유로운 개인들이나 각각의 고유한 특이성을 가진 민족, 그리고 민족국가 모두에게 중요한 것은 인간성이 구현된 공동체 개념이다. 헤르더는 인간성이 실현되는 단위로서 국가보다는 민족 개념을 우선시 했다. 민족은 고유한 자연환경, 혈통, 언어, 역사, 문화, 교육, 종교를 전제하고 있기 때문이다. 헤르더의 민족주의는 당시 열강들이 표방했던 국수주의나 식민주의를 지향했던 패권적 민족주의가 아니다. 그것은 개인의 자유

---

14) Hayes, Carlton J.H.: *Contributions of Herder to the Doctrine of Nationalism*, in: The American Historical Review, 32-4, 734.

15) Ergang, Robert: *Herder and the Foundations of German Nationalism*, New York 1931, 84.

16) Barnard, Frederick M.: *Herder's Social and Political Thought*, Oxford 1965, 88.

로부터 시작하여 상이한 민족의 고유한 문화정체성을 존중함으로써 인간성을 보편적으로 실현할 수 있는 열린 문화공동체를 지향하고 있다. 그것은 마치 신적 섭리가 모든 자연사물과 인간들 속에서 역사(役事)하는 것처럼, 인간성의 이념이 모든 개인들과 민족들 가운데서 자유롭게 그리고 보편적으로 발휘될 수 있는 지평으로 상정되었던 것이다.

6. 낭만주의에서 칸트와 헤르더의 위치

독일의 낭만주의 사상가들은 계몽주의의 기획에 반대하여 이성에서 신화로 이행할 것을 촉구했다. 이는 합리적인 이성적 사유를 바탕으로 그리스 종교 및 신화를 우상이나 미신으로 간주하고 비판적인 거리를 유지하려고 했던 계몽주의에 대한 반발이다. 계몽주의자들이 비판적, 분석적, 과학적인 오성을 중시하는 반면에 낭만주의자들은 창조적인 상상력과 직관 또는 감정을 중시하였다. 따라서 계몽주의에서 '철학자'의 위치는 낭만주의에서 '예술적 천재'로 대체되었다.

'신화의 몰락'으로부터 신화의 '복원'은 횔덜린의 주요 관심사였다. 그는 기독교 사상의 신화가 몰락하는 현장에서 고대 그리스의 신화세계로 회귀하여 기독교적인 것과 일치시킴으로써 신화를 복원하고자 했다. 셸링은 신화를 철학의 동반자인 동시에 그 극치라고 이해하였는데, 그것은 당시 독일의 젊은 세대들의 입장을 대변한 것이다. 따라서 그는 학문의 최정점에 '신화학의 철학'을 자리매김하였으며, 그 스스로도 신화의 철학을 자신의 가장 중요한 철학적 논의 영역으로 다루었다.[1)]

1) Cassirer, Ernst: *Vom Mythus des Staates*. Hamburg 2002(Zürich 1949), S. 239f; 한국어판, 226쪽 이하. (이하 인용에서는 독일어판과 한국

빈켈만과 헤르더 역시 신화에 적대적이었던 계몽주의를 넘어서서 신화의 재발견을 시도하였다.2) 신화는 인류문화의 근원으로서 경외와 숭배의 대상이 되었으며, 예술, 역사, 철학 모두가 바로 신화에서 비롯되었다.

계몽주의와 낭만주의의 중요한 연결고리는 독일관념론 철학이다. 낭만주의와 독일관념론은 생명과 우주에 대한 삶의 감정이나 태도를 표명한다는 점에서 동일한 지평 위에 서 있다. 셸링은 낭만주의의 핵심 그룹에 속했으며, 피히테 자신은 낭만주의에 대하여 비판적이었으나 노발리스나 슐레겔 등 낭만주의 사상가들에게 절대적인 영향을 끼쳤다. 헤겔 역시 낭만주의의 일부 주장들에 대하여 공감하지 않았으나, 그의 사랑개념이나 정신철학은 낭만주의의 연장선상에 있었던 것이 분명하다. 독일관념론의 사상적 원천은 두말할 나위 없이 칸트였으며, 이로부터 독일관념론을 거쳐 낭만주의에 이르는 하나의 철학적 축이 가시화되는 것이다.3) 낭만주의와 독일관념론 철학이 성행하던 바로 그 시기에 독일은 나폴레옹의 침공을

어판을 병기한다.)

2) Picht, G., *Kunst und Mythos*, Stuttgart 1986, S. 488.

3) 셸링은 헤겔에게 보낸 편지(1795.01.06)에서 칸트는 전제 없이 결론만을 주었다고 지적하면서 "철학은 아직 끝나지 않았다." 라고 말한다(Schelling, F.W.J.: *Briefe und Dokumente*, Hrsg. von H. Fuhrmans, Bd.2, Bonn 1962ff., S.57). 이로부터 최성환은 칸트로부터 새로 시작된 독일관념론 철학을 "절대적 자아 설정을 통한 '이성의 근원화'(피히테), 정신과 자연의 동일성을 기반으로 하는 '이성의 보편화'(셸링), 정신 발전의 변증법을 통한 '이성의 절대화'(헤겔)"로 규정했다(최성환, 「칸트와 셸링의 역사구상: '인류사의 기원'에 관한 해석을 중심으로」, 『칸트와 독일 이상주의』, 철학과현실사 2000, 228).

받았으며, 계몽정신과 자유주의와 세계시민주의의 이상은 급격하게 국수주의와 민족주의를 기치로 내세우면서 정치적 낭만주의라는 새로운 신화를 창조해나가고 있었다.

낭만주의자들은 '새로운 신화학' 운동을 통하여 칸트가 제시한 '철학의 통일'에 관한 물음을 '고대의 그리스 정신과 근대의 그리스도교 정신의 차이 규정에 관한 물음'으로 대체하였다.[4] 칸트는 이성도덕에 의하여 기독교를 재해석하고자 했으나, 낭만주의자들은 이성조차도 역사에 의하여 변질될 수 있는 것으로 보았다. 칸트와는 달리 낭만주의자들은 그리스도교를 아직 분열되지 않은 하나의 전체로서 보았으며, 하느님의 교회와 하느님의 나라를 하나의 신비적 공동체로 여겼다. 낭만주의자들은 그들의 국가주의가 세계주의와 양립할 수 있는 것으로 생각했다. 특히 루터의 종교개혁을 퇴행으로 규정했던 노발리스는 중세를 인류의 황금시대로 여기면서, 그리스도교가 유럽에서 하나의 정신적 제국으로 통치했던 아름답고 빛나던 시절을 찬미하였다.[5] 그는 칸트의 '비판적 관념론'(kritischer Idealismus)에 유비적으로 '마법적 관념론'(magischer Idealismus)을 대립시키면서, 그것을 철학과 시의 열쇠라고 여겼다.[6] 그러나 낭만주의자들은 결코 시, 예술, 종교, 역사 등

4) Freier, H., *Die Rückkehr der Götter. Von der ästhetischen Überschreitung der Wissensgrenze zur Mythologie der Moderne*, Stuttgart 1976; Jamme, Christoph, *Einführung in die Philosophie des Mythos*, Bd 2, Darmstadt 1991, S. 27.

5) Novalis: *Die Christenheit oder Europa*(1799), in: Schriften, Hrsg. von J. Minor, Jena 1907, II, S. 23.

6) Novalis, *Dialogen und Monologe*(1798), in: Novalis Werke, Hg. von

특정한 문화형식들을 '전체주의' 국가에 희생시키려고 하지는 않았다. 그들이 말하는 전체는 결코 개체보다 우선적인 것이 아니었으며, 오히려 그 반대였다. 칸트가 낭만주의자들에게 비판적 대결의 구도를 형성했다면 헤르더는 적극적 수용의 태도를 취했다.

낭만주의가 20세기 신화이론의 가장 풍부한 원천이 되면서, 심지어 '전체주의 국가' 개념과 '제국주의'의 이론적 근거로 활용되었다는 입장까지 개진된 바 있다.7) 물론 카시러는 낭만주의자들이 표방하는 전체주의는 정치적인 것이 아니고 순수문화적인 것이라고 지적한다.8) 칸트의 '국제연맹'에 반대하여 '세계단일정부'를 표방했던 프리드리히 슐레겔조차도 종교, 역사, 자연과학 등 인간생활의 모든 영역에 '시적 정신'이 스며들게 하는 것이 낭만주의 운동의 최고 목표라고 선언하기도 했다.9) 슐레겔을 위시한 대부분의 낭만주의자들은 정치세계보다는 '학문과 예술의 신적인 세계'에 안주하였다. 따라서 카시러는 그들이 비타협적인 국가주의자이고 열렬한 애국주의자인 것은 분명하지만, 그러나 결코 '제국주의적'이지는 않았다고

Gerhard Schulz, München S. 404; *Aus dem <Allgemeinen Brouillon>* (1798-1799), S. 460, 466, 479, 480.

7) Viereck, P.: *Metapolitics. From the Romantics to Hitler*, New York 1941; Lovejoy, A.O.: *Meaning of Romanticism for the Historian of Ideas*, in: Journal of the History of Ideas, 2, 3(1941), 5, 2(1944).

8) *Vom Mythus des Staates,* 241; 228.

9) Schlegel, F.: *Gespräch über die Poesie, in: Prosaische Jugenschriften*, Hrsg. von J. Minor, Vienna 1906, II, S. 338f. 슐레겔은 '새로운 신화학'에서 신들(Götter)뿐만 아니라 '유한자와 무한자의 관계'를 다루었다. Jamme, Christoph, *Einführung in die Philosophie des Mythos*, Bd 2, S. 28.

평가한다. 그들은 독일적 특성의 독특함을 유지하고 보존하려고 하였으나 그것을 다른 국민들에게 강요할 생각은 없었다는 것이다. 카시러는 이러한 낭만주의적 국가관이 지방분권주의(Partikularismus)가 아닌 세계주의를 표방하면서도 개성(Individualität)을 중시하고 있는 점에서 헤르더의 국가주의에 바탕을 두고 있다고 평가했다.10) 그는 각 민족이 전 세계의 전체적 조화 속에서 한 개체의 목소리에 지나지 않은 것으로 파악한 점에서 헤르더를 독일 국가주의의 역사적 기원으로 규정했다. 그러나 헤르더는 각 민족의 고유한 가치를 존중한 점에서 헤겔의 전체주의 사상과는 근본적으로 다르다는 점을 유념할 필요가 있다.

이사야 벌린은 헤르더가 행동과 사고의 영역에서 통일성, 조화, 그리고 서로 다른 이상들의 양립 가능성을 부인했다는 이유를 들어서 그를 '낭만주의의 아버지'라고 평가하였다.11) 이와 함께 그는 헤르더가 '민족' 개념을 새롭게 발전시킨 사실에 주목한다. 헤르더는 모든 인간이 어떤 집단에 소속되기를 희구하고 있으며, 실제로 그렇게 하고 있고 그로부터 축출되면 소외감을 느끼는 이른바 '본향', '뿌리', '분파', '소속' 등의 관념을 창안했다고 평가한다.12) 국가의 영토와 마찬가지로 헤르더는 언어를 '하나의 결속'으로 규정하기도 했다. 언어는 분명히 같은 집단에 속한 사람들이 공통적으로 가지고 있는 것

---

10) *Vom Mythus des Staates,* 242; 228.

11) *The Roots of Romanticism*, 57; 95.

12) *The Roots of Romanticism*, 60f; 99f. 이사야 벌린과는 반대로 카시러는 헤르더가 세계 전체라는 틀 속에서 민족을 하나의 목소리로 간주했다고 주장한다. 각주 38, 40 참조.

중의 하나이다. 그러나 헤르더가 단순히 혈통이나 인종에 집착하는 당시의 민족주의를 지지한 것은 아니다. 오히려 그가 생각하는 민족 또는 인간 집단은 유기체의 생장에서 관찰되는 생물학적 유비와 같은 것으로 이해될 수 있다.[13) 소속과 뿌리를 가진 인간은 자신이 성장한 상징체계 안에서만 창조활동을 할 수 있기 때문이다. 헤르더에서 개체, 민족은 자연의 역사를 통하여 실현되며, 그가 생각하는 자연의 배후에는 신의 섭리가 존재한다.

이러한 사실에서 우리는 헤르더가 사물들의 있는 그대로의 모습을 존중했으며, 만물은 각각 고유한 가치를 가지고 있다고 평가했던 사실을 확인할 수 있다. 이는 당시 팽창 일로에 있던 서구의 제국주의와 전체주의에 대한 비판이기도 하다. 헤르더는 바빌론, 아시리아, 인도, 이집트, 그리고 그리스와 중세는 물론이고 18세기에도 호감을 가졌으며, 그러한 문화들이 각각 고유하고 색다르며, 토착적이고 자연적이라는 경험적 사실에 매료되었다. 따라서 그는 그리스인이 페니키아인이나 중세인이 될 수 없고, 동양인이면서 동시에 서양인일 수 없으며, 모든 시간과 공간의 가장 위대한 이상들을 동시에 달성할 수 없다고 보았던 것이다.[14) 헤르더는 '세계시민'이라는 개념을

---

13) 레싱과 헤르더를 '가장 사랑한 작가'로 추앙했던 하이네는 헤르더가 "전 인류를 위대한 거장의 손안에 있는 거대한 하프"로 간주하고 "각 민족을 각각 특정한 음을 가진 거대한 하프의 현"으로 여기면서, "그 여러 음이 만드는 우주적 화음"을 파악했다고 기술하였다(Heine: *Die romantische Schule*, 22f,64; 41,88).

14) 헤르더는 세계의 여러 민족들에 대한 고유성을 인정하면서도, 여러 곳에서 유럽중심주의를 지지하는 발언을 하고 있다. 그의 역사철학은

부적절한 것으로 생각했다. 세계주의나 세계정부는 필연적으로 한 문화가 다른 문화를 지배하거나 배척하는 방식으로 이루어질 수밖에 없기 때문이다. 그가 아시아의 문화를 짓밟았던 율리우스 카이사르, 그리고 비잔틴 제국과 아랍 국가들을 파괴했던 십자군을 좋아하지 않았던 것은 바로 그 때문이다. 그는 완벽한 삶이라는 전체 개념은 존립할 수 없으며, 그것은 어디까지나 인간이 추구해야 할 '이상'이라는 목표로서 제시될 뿐이라고 보았다. (이 점은 칸트의 '이념' 개념과 일치한다.) 따라서 헤르더는 우리가 이상적인 벽돌처럼 완벽하게 들어맞게 되는, 또한 절대로 오류가 있을 수 없는 방법에 의한 진실이라는 불멸의 공식 위에 세워져서 영원히 무너지지 않을 구조를 가진 그런 '세계시민주의'(cosmopolitanism)를 실현하는 것이나 '세계국가'(world state)를 만드는 일은 불가능하다고 보았다. 이로써 헤르더는 이사야 벌린의 표현대로 "유럽 합리주의의 몸통에 다시는 회복되지 못할 가장 치명적인 비수"를 꽂았던 것이다.[15)]

헤겔을 통하여 서구중심적 역사관으로 계승 전개되었다(강성호, 「들어가는 말」(헤르더, 『인류의 역사철학에 대한 이념』, 책세상 2002, 8쪽 참조). 실제로 헤르더는 유럽 민족의 식민지 정책을 찬양했으며, 그들의 문화적 우수성을 인정했다. 그러나 전반적으로 헤르더는 유럽중심주의보다는 모든 민족이 종국에는 인간성을 가져야 한다고 강조함으로써 보편주의를 지향하고 있다. 이 점에서 헤르더는 헤겔과 구별된다. 헤르더의 사상은 지금까지 상대주의, 비합리주의, 배타적 민족주의, 인종주의 등으로 곡해되기도 했지만, 헤르더의 '민족' 이해는 배타적 민족주의가 아닌 보편적 인간성을 지향하고 있으며, 그의 역사철학 역시 개체성, 발전, 인간성 이념들이 총체적으로 연관되어 모든 개체들을 아우르는 보편주의를 지향하고 있다(같은 책, 86, 88, 114쪽 참조).

그러나 헤르더는 '인간성의 이상'을 바탕으로 하여 모든 불멸의 영혼들이 보편적인 가치 목표를 향하여 발전해나가며, 그 과정에서 이성, 자유, 관용, 개인과 사회의 사랑과 상호존중, 육체와 정신의 건강, 지구, 하느님의 진정한 조화를 추구하였다.

---

15) *The Roots of Romanticism*, 61-67; 100-110.

7. 칸트와 헤르더의 세계관적 차이

우리는 이제 이사야 벌린이 제시한 낭만주의의 핵심적 요소들[1]에 의거하여 칸트와 헤르더 사상의 지형도를 다음과 같이 그려볼 수 있을 것이다.

첫째로, 이사야 벌린은 낭만주의가 소크라테스, 플라톤, 기독교 전통에 공통되는, 이른바 '지식은 선(善)'이라는 명제를 공격하여 크게 손상시켰다는 점을 강조한다. 과학은 대상에 대한 면밀한 주의를 바탕으로 사물의 본질에 이르는 것을 중시하며, 사실로부터 일탈하지 않는 것을 미덕으로 하지만, 낭만주의는 가치에 대한 지식보다는 가치의 창조를 중시한다는 것이다. 확실히 인간은 예술가처럼 목적과 가치를 창조하고, 세계는 우리가 선택한 대로 규정하고 있는데, 이러한 시각은 피히테, 셸링, 프로이트의 사상에 반영되었다. 그러나 칸트의 경우에 이론적 인식과 실천적 가치의 기능적 구분이 제시되고 있으며, 이들은 서로 다른 규칙에 의하여 지지되는 독립적인 차원들이다. 헤르더는 그러한 칸트적인 구분을 해체한다. 이 두 사상가의 역사인식에 목적 개념이 작동되는 것은 공통적이지만, 칸트에서는 규제적인 반면에 헤르더에서는 구성적인 의

1) *The Roots of Romanticism*, 118ff; 193ff.

미로 사용되는 것이 다르다.

둘째로, 이사야 벌린은 낭만주의에는 사물의 구조가 존재하지 않으며, 우리가 반드시 익혀야 할 모범 따위도 존재하지 않는다고 이해하였다. 존재는 '모든 것은 흐른다'(panta rhei)이고 '세계의 부단한 자기 창조'이므로, 어떤 것이 인간에게 적대적으로 또는 우호적으로 인식되는 것뿐이다. 이러한 측면은 쇼펜하우어와 니체 등의 시각에 반영되었다.[2] 그러나 칸트의 경우에 인식은 현상 존재에 국한되며, 물자체는 인식의 영역에 들어설 수 없다. 칸트에서는 자연과 역사 영역에서의 학문 방법과 목적이 분명하게 구분된다. 반대로 헤르더에서는 그와 같은 칸트적 구분과 한계가 사라진다. 헤르더의 세계는 유기적, 역동적, 일원론적이다. 인류의 역사는 자연 역사의 일부이

---

2) *The Roots of Romanticism*, 119f; 195. 쇼펜하우어는 인간을 광막한 의지의 바다를 떠도는 부서질 듯한 배 위에 내동댕이쳐진 존재로 보았으며, 이 배에는 목적도 없고, 목표도 없고, 나아갈 방향도 없어서, 인간은 오직 자기 앞에 닥친 위험에만 저항할 수 있을 뿐이며, 이러한 상태는 오직 인간이 질서를 부여하려는, 자신을 정돈하고, 이 거칠고 예측할 수 없는 세계에 자신을 위한 안락한 보금자리를 만들려는 불필요한 욕망에서 벗어날 때만 체념하고 받아들일 수 있다고 보았다(*The Roots of Romanticism*, 134; 215f). 쇼펜하우어의 생각은 바그너로 이어지는데, 그는 「니벨룽겐의 반지」에서 "만족을 모르는 욕망의 무서운 본성으로, 이것은 틀림없이 가장 두려운 고통을 가져오며, 궁극적으로 동시에 피할 수도, 만족시킬 수도 없는 욕망에 사로잡힌 모든 인간을 가장 폭력적인 방식으로 희생시키는 결과를 낳는다. 그 결말은 어떤 궁극적인 절멸이 되어야 하니, 라인 강이 넘쳐 이 폭력적이고 무질서하고 막을 수 없는, 모든 인간을 오염시킨 이 구제 불능의 질병을 뒤엎는다. 이것이 유럽에서 일어난 낭만주의 운동의 핵심이다." 라고 말했다(*The Roots of Romanticism*, 134; 216).

며, 그 자연의 이면에는 신이 존재하고 있다. 칸트와 헤르더의 경우에 세계 역사는 '문화', '인간성'을 향한 부단한 접근 현상으로 파악되고 있다. 이 점에서 헤르더는 낭만주의자들과 구분된다. 헤르더가 비록 칸트의 계몽주의를 비판했으나 그의 전체 사상은 여전히 계몽주의적 성향을 띠고 있기 때문이다. 칸트에 비할 때 헤르더는 낭만주의적 경향성을 더 강하게 드러내고 있다.3)

셋째로, 이사야 벌린은 낭만주의가 의식적으로 신화를 창조하는 사실을 지적했다. 아우구스트 빌헬름 슐레겔은 생명의 힘과 뿌리는 해명할 수 없는 신비이며, 따라서 무의식이나 말할 수 없는 것을 인정할 수밖에 없다고 했다.4) 또한 그는 인간이 어떤 위대한 정신적 충동과 하나가 되려면 부단한 노력이 필요하고 절대로 실현되지 않을 신화들을 이상화해야 한다고 주장했다.5) 칸트에서는 현상 존재의 배후에 신적인 것이 '요청'되지만, 헤르더에서 신의 존재는 현실적인 '실재'로서 전제되고 있다. 칸트에서의 희망은 도덕적 행위에 대한 위안적 성

---

3) 우리는 쉬네델바흐가 헤르더의 역사주의를 '계몽에 대한 계몽'으로 규정한 사실에 주목할 필요가 있다. Schnädelbach, H.: *Philosophie in Deutschland 1831-1933*, Frankfurt 1983, S. 52.

4) *The Roots of Romanticism*, 122,124; 199,202.

5) "그것은 우리를 끊임없이 전진하게 하고, 결코 성취되지 않으며, 그것의 정수와 가치는 결코 성취되지 않는다는 것에 있으므로, 만에 하나 성취된다면 그것은 쓸모없어지게 된다. 이것이 [...] 낭만주의의 본질로, 곧 의지와 행동으로서의 인간, 끊임없이 창조하고 있기에 묘사할 수 없는 무엇, 그것이 자기 자신을 창조하고 있다고 말해서는 안 되는, 주체도 없고 오직 운동만 존재할 뿐인 그 무엇이다. 이것이 낭만주의의 핵심이다"(*The Roots of Romanticism*, 125; 222).

격을 띠지만, 헤르더에서의 희망은 창조주 하느님이 자연과 인간의 역사 속에서 현실적으로 작동하는 은총이다.

넷째로, 이사야 벌린은 낭만주의의 국가이론의 핵심적 정수를 '정치적 삶에 대한 유기체 이론', '국가에 대한 충성', '반(半)정신적인 조직이자 거룩한 신비가 가진 정신적 힘의 상징'이라는 세 가지 사실로 압축했다. 낭만주의자들에게 국가는 바로 이 '거룩한 신비'이다.[6] 피히테나 프리드리히 리스트는 국가의 진정한 힘이 다른 국가들로부터 괴롭힘을 당하는 일 없이 자유롭게 활동할 수 있는 어떤 격리된 국가, 보호무역국가를 지지했다.[7] 칸트의 경우에 보편적 세계주의를 지향하였으며, 국가의 이념을 실현하는데 개인의 희생이 허용되기도 했다. 반면에 헤르더의 경우에는 어떤 국가도 개인의 희생을 요구할 수 없으며, 국가보다 민족의 존재를 우선적인 것으로 생각했다. 헤르더는 인종주의 또는 민족주의 사상가로 규정되기도 하지만, 무엇보다도 그는 개인의 자유를 가장 우선적으로 생각했으며, 그런 개인들이 자유롭게 활동할 수 있는 환경적 여건으로서의 민족 문화를 존중했다. 그는 개별적 민족문화와 인간성의 이상이 공존할 수 있는 역사신학적 국가 형태를 모색하고자 했던 것이다.

이사야 벌린은 이와 같은 낭만주의 사조에서 아직 규정되지 않은 선동성을 발견했다. 그것은 프랑스 혁명 이후에 수립된 급진적인 국가들에서는 반동적 경향성을 띠었으며, 1812년 이후의 프로이센 같은 반동적 국가에서는 진보적 경향성을 나타

---

6) *The Roots of Romanticism*, 125; 203.

7) *The Roots of Romanticism*, 126; 205.

내면서 인간 생명의 자연스러운 유기체적 충동을 억압하는 것에 대하여 항거하였다.[8] 그리하여 낭만주의적 힘은 때로 공통의 언어, 공통의 의사소통, 공통의 가치를 기반으로 파괴력을 지닐 수 있게 되었다. 파시즘이 '낭만주의의 후예'(inheritor of romanticism)라는 이사야 벌린의 생각은 바로 여기에서 비롯된 것이다.[9] 그것은 어떤 개인(지도자)이나 집단의 의지를 예측하고 합리화하는 것이 불가능하며, 특히 파시즘의 세계에서는 "지도자가 내일 무슨 말을 할지, 정신이 우리를 어떻게 움직일지, 우리가 어디를 향하며 무엇을 하게 될지",[10] 이 모든 것을 예견할 수 없기 때문이다. 파시즘에서 중요한 것은 병적 흥분 상태에 빠진 자기주장과 무한한 의지를 제한하는 기성 제도의 허무주의적 파괴뿐이다. 의지가 강한 우월한 인간(위버멘쉬)이 열등한 인간들을 지배한다는 사상(니체)은 낭만주의 운동의 직접적인 유산이고, 칸트의 정치적 최고선이나 헤르더의 인간성 이상이 낭만주의적 지향성의 대상이 되어 왔던 것은 사실이다. 그러나 그 사실만으로 파시즘의 출현에 대한 책임을 물을 수는 없을 것이다. 칸트의 최고선이 규제적인 반면에 헤르더의

8) *The Roots of Romanticism*, 127; 206. "정상이 존재하고, 소통이 존재하기 위해서는 공통의 가치가 있어야 한다. 공통의 가치가 존재하는 한, 모든 것은 나 자신에 의해 창조되어야 하며, 무언가가 주어진 것임을 알게 된다면 그것을 부수어 버려야만 하고, 만일 무언가가 구조화되어 있음을 알게 되면 나의 구속되지 않은 상상력이 자유롭게 활동하게 하기 위해 그것을 파괴해야 한다고 말하는 것은 불가능하다. 이리하여 강제로 그 논리적 귀결을 끄집어낸 낭만주의는 어떤 정신착란과 같은 상태로 끝을 맺는다"(*The Roots of Romanticism*, 145; 232).

9) *The Roots of Romanticism*, 145; 232.

10) *The Roots of Romanticism*, 145; 233.

그것은 구성적인 점이 다르기는 하지만, 이들 모두 우리가 인간답게 살아야 할 그런 세계 조망을 하나의 궁극적인 초월적 이념으로 제시하고 있다.

제2부: 칸트와 종말론의 문제

1. 세계의 종말?

역사의 종말이 다가오고 있는가? 역사의 종말은 가능한 것인가? 우리가 말하는 종말은 무슨 뜻인가? 세계 종말 이후에도 세계는 존재하는가? 종말 이후에 새로운 세계가 도래한다면 새로운 세계 시간의 시작은 이전 세계의 종말을 이은 것인가? 시간의 종말 이후에 영원한 세계가 존재한다면 그것은 시간 개념을 전제하지 않고 존재하는 것인가? 영원한 세계가 시간 개념을 전제하지 않을 경우에, 그런 세계는 어떤 방식으로 존재하는가? 시간과 영원성이 양립할 수 없는 것이라면 우리는 어떤 방식으로 그리고 어떤 조건 하에서 종말에 대하여 의미 있게 언표할 수 있는가?

지금 현재 지구는 지진, 해일, 화산 폭발 등의 초대형 자연재해가 잇달아 일어나고 있다. 그야말로 현대인은 지금 '종말의 세기'를 살고 있는 것이다.[1)]

---

1) 현대의 종말론적 징후들에 대해서는 특히 안영배 편저, 『미 NBC 특종 충격 대예언』(둥지 1995)을, 그리고 현대 기독교 종말론의 결정판이라고 할 수 있는 Moltmann, Jürgen: *Das Kommen Gottes. Christliche Eschatologie*(Gütersloh 1995, 2001)의 한국어판 『오시는 하나님: 기독교적 종말론』(대한기독교서회 1997)을 참조하라. Bauckham, Richard(ed.): *God*

2004년 12월 26일, 인도네시아 수마트라섬 남부 아체주에서 규모 9.3의 강진 뒤 지진해일이 덮쳐 20만명에 가까운 사망자가 발생한 이후 잦은 강진으로 인한 쓰나미 경보가 발령되어 왔다. 2010년 1월 12일 아이티의 수도 포르토프랭스 인근 지표면으로부터 13km 깊이에서 발생한 지진으로 국제적십자 위원회 추산으로 사망자 약 5만명을 포함하여 약 300만 명의 피해자가 속출했다.

2008년 5월 18일, 9만명에 가까운 희생자를 낸 중국의 쓰촨(四川) 대지진에 이어서, 쓰촨성 두장옌서 규모 5.0 지진이 발생하였고(2010.05.25), 다시 사흘만에 쓰촨성 멘양에서 지진이 발생했으며(2010.05.28), 칭하이성 위수현에서 2,698명이 강진으로 사망한 이후(2010.05.31), 같은 지역에서 8차례의 지진이 계속되었다(2010.06.03). 2010년 5월 31일, 필리핀 연안 민다나오섬에서 남서쪽으로 약 45km 떨어진 지점에서 규모 6.0의 지진이 발생하는 등 지금 지구촌 곳곳에서 지진이 발생하고 있다.

화산 폭발도 끊이지 않고 일어나고 있다. 2010년 3월 14일, 아이슬란드의 에이야프얄라요쿨에서 화산이 폭발함으로써 유럽의 항공이 마비사태에 이르는 등 수십조원의 손실을 입혔으며, 지금도 화산 폭발은 계속되고 있다. 2010년 5월 27일, 수도 과테말라 시의 남쪽 방향으로 약 25km 떨어진 파카야 화산이 폭발하여 라 아우로라 국제공항이 폐쇄된 바 있으며, 2010년 5월 29일에는 에콰도르 수도 키토에서 남동쪽으로 130

Will Be. The Eschatology of Jürgen Moltmann. Minneapolis 2001.

km 떨어진 해발 5,200m의 툰구라와 화산이 폭발하여 수천 명의 주민이 대피한 바 있다. 발해의 멸망 원인으로 지목되어 왔던 백두산 화산이 천년의 잠을 깰 태세이며, 이르면 2014년이나 2015년에 다시 폭발할 수 있다는 가능성이 심각하게 제기되고 있다.

일찍이 지진, 화산, 해일 등 초대형 자연재해는 세계종말의 징후로 지목되어 왔다. 최근 2012년의 지구 종말설이 급속하게 유포되고 있다. 5200년 전에 갑자기 사라진 마야제국이 시용해왔던 고대 마야력(Dresden Codex)은 개기일식과 월식을 정확하게 계산하고 맞추고 있는데, 거기에는 2012년 12월 21일 이후의 날짜가 나오지 않는다. 이것을 일부학자들은 기존의 세계가 없어지고 새로운 세계가 창조되는 변환점으로 추정하여, 이 날 기존의 인류가 멸망하고 새로운 세계가 열린다고 주장하고 있다.[2)]

400년 전에 노스트라다무스는 1999년에 지구의 종말이 올 것이라고 예언한 바 있다. 그런데 이와 같은 세계와 인류사의

---

2) Branden, Gregg u.a.: *The Mystery of 2012*. Sounds True Inc. 2007. 한국어판: 『World Shock 2012: 임박한 세계 대변혁 시나리오』, 이창미 외 역, 쌤앤파커스 2008. 미 항공우주국(NASA)의 태양권물리학부 담당책임자 리처드 피셔(Richard Fisher) 박사는 "현재 태양은 표면폭발 활동이 비교적 잠잠한 상태지만 2013년에는 강력한 태양 플레어(solar flare)가 발생해 우주폭풍이 발생할 것"이라고 경고했다고 영국 텔레그래프가 2010년 6월 14일 보도했다. 1859년 9월의 태양폭풍은 당시 22만 5천km의 전신망을 마비시켰으며, 1989년의 태양폭풍은 6백만명이 9시간 동안 정전사태를 겪게 하였다. 2013년의 태양폭풍은 대규모 정전사태를 일으켜서 인공위성, 항공통신, 은행시스템을 마비시킬 것이라고 예측하였다(joins 2010.06.16).

종말은 기독교 성경에서 가장 드라마틱하게 언표하고 있으며, 기독교 전통에서의 묵시(Apokalypse)와 종말론(Eschatologie)은 가장 중요한 신앙의 대상이 되어 왔다.[3] 우리는 기독교의 여러 전거들에서 세계 종말에 대한 계시들을 발견할 수 있다.

종말론은 매혹적인 주제이지만 철학에서는 활발하게 다루어지지 않았다. 칸트의 저술 『만물의 종말』 역시 프로이센 제국의 검열이 강화되는 시기에 기독교의 종말론적 계시신앙에 대한 철학적 성찰을 주제화하고 있는 사실에서 매우 중요한 의미를 가지고 있지만 지금까지 제대로 논의되지 않았다. 칸트는 기독교 신앙에서의 묵시론적 내용을 도덕철학적으로 접근함으로써 종말론 신앙에 대한 의미 있는 진술 가능성 조건들을 다루는 점에서 특징적이라고 할 수 있다.[4] 앞으로 우리는

---

3) Althaus, Paul: *Die letzten Dinge. Lehrbuch der Eschatologie*. 5. Auflage, Gütersloh 1949. Ratzinger, Joseph: *Eschatologie. Tod und ewiges Leben*. Regensburg 1977. Küng, Hans: *Ewiges Leben?* München 1982. Taubes, Jacob: *Abendländische Eschatologie*. München 1991(english version: *Occidental Eschatology*. Stanford University Press 2009). Moltmann, Jürgen: *Das Kommen Gottes. Christliche Eschatologie*. Gütersloh 1995, 2001. Sauter, Gerhard: *Einführung in die Eschatologie*. Darmstadt 1995. Schwarz, Hans: *Die christliche Hoffnung. Grundkurs Eschatologie*. Göttingen 2002. Nocke, Franz-Josef: *Eschatologie*. Düsseldorf 2005. Schipper, Bernd U. u.a.(Hrsg.): *Apokalytik und kein Ende?* Göttingen 2007. Mühling, Markus: *Grundinformation Eschatologie*. Göttingen 2007.

4) 만프레드 리델은 칸트가 순수이성의 비판을 통하여 정초되는 과학적 경험의 가능성 조건을 다룬 것과 같이, "역사학은 어떻게 가능한가?"라는 물음도 동일하게 제기했는가를 문제 삼은 적이 있다(Riedel, Manfred: *Kant und die Geschichtswissenschaft*, in: Immanuel Kant, *Schriften zur Geschichtsphilosophie*, Stuttgart 1974, Einleitung S.3-20). 이에 대하여 마

이네케(F. Meinecke)와 란트그레베(L. Landgrebe)는 칸트 철학이 '비역사적'(ungeschichtlich)이라는 입장을 취한다(Meinecke, Friedrich: *Die Entstehung des Historismus*, in: Werke Bd.3, München 1959, S.288; Landgrebe, L.: *Die Geschichte im Denken Kants*, in: *Phänomenologie und Geschichte*. Darmstadt 1968, S.46).

그러나 리델은 칸트가 고대의, 신학적-형이상학적 분야의 세속화 작업이 아닌 역사철학의 정초에 관한 문제를 중요하게 생각했다고 주장했다(8-9). 칸트가 『순수이성비판』 선험적 방법론 제4편에서 '순수이성의 역사'를 다룬바 있는데(A852), 리델은 이것이 역사철학에 해당된다고 보았다(9). 리델은 칸트가 역사철학을 '형이상학의 체계'에서 사변적 부분에 해당되는 것이 아니라, 실천적인 영역에서 가능한 경험 »세계«의 총체 개념의 일환으로써 '인간의 세계'(menschliche Welt)에 대응하는 '도덕의 세계'(moralische Welt)를 요구하는 '도덕적 원리들'(die moralischen Prinzipien), 즉 '실천이성의 도덕 원칙의 정초'(Begründung von dem Moralprinzip der praktischen Vernunft) 문제로 파악했다고 보았다(10).

다시 말하면 칸트는 도덕 원리에 부합되는 행위가 행복으로 귀결된다는 사실, 즉 최고선의 이념에 전제된 기대 속에서 순수 실천이성이 현실화된다는 점을 그의 역사철학으로 보여주고자 했다는 것이다(13). 칸트에 의하면 도덕적 완전성은 자유에 의하여 촉진되어야 하고, 또한 그에 부합되는 행복이 주어질 수 있어야 한다. 이와 같은 최고선의 이념의 실현은 칸트에서 '세계역사적 목표의 규정'(Bestimmung des weltgeschichtlichen Zieles)으로서 "지상에서의 하느님 나라의 건설"(Gründung des Reiches Gottes auf Erden, civitas Dei in mundo)을 의미한다(*Kants Vorlesungen über Ethik*, hrsg. von Paul Menzer, Berlin 1924, S.319). 그리하여 리델은 칸트의 철학적 사유 영역을 우주론(Kosmologie), 도덕(Moral), 역사(Geschichte)로 구분하고(15), 우주론과 도덕의 영역에서 필연적으로 제기되는 안티노미들을 이론철학과 실천철학이 해결하는 것처럼, 역사철학은 '문화-역사적 상황의 이율배반들'(Antinomien der kulturellgeschichtlichen Situation)의 해소를 그 과업으로 한다고 보았다(16f). 이처럼 리델은 헤르더의 역사철학이 »역사적 세계관«(historische Weltanschauung)을 예견함으로써 형이상학의 보완으로서 역사주의(Historizismus)의 출현에 기여한 것(20)과는 칸트의 종말론 사상이 형식적으로는 당대의 기독교 정책, 특히 검열령에 대한 그의 비판적 지적이면서도 내용적으로는 모든 기독교의 역사적 계시신앙으로부터 도덕적 실천적 의도를 가진 윤리신학으로의 전환이라는 성격을 가진다는 사실을 드러내고자 한다.

반대로, 역사신학이 아닌 역사서술의 비판에서 출발하는 칸트의 역사철학은 '경험적 역사의 실천-이성적 정초 문제'(Problematik einer praktisch-vernünftigen Begründung der »empirischen Geschichte«)와 관련되어 있으며(19), 따라서 역사학의 실천적-규범적 원리 또는 인간과 역사의 관계에 대한 비판적인 물음에 관심을 가졌다고 평가하였다.

2. 프로이센의 검열정책과 칸트의 종교사상

칸트의 종교 및 기독교에 대한 관심은 3대 비판서와 종교 저술, 그리고 몇 편의 논문에 잘 나타나 있다.[1)] 칸트가 종교에

1) 「신의 존재 논증을 위한 유일 가능한 증명 근거의 꿈」(1763), *Der einzig mögliche Beweisgrund zu einer Demonstration des Daseins Gottes* (Königsberg: Johann Jakob Kanter, 1763), xiv, 205 pp. [Ak. 2:65-163] *"The Only Possible Argument in Support of a Demonstration of the Existence of God"*, Translated, and with an introduction, by Gordon Treash (Abaris, 1979; repr. Univ. of Nebraska Press, 1994). Translated by David Walford and Ralf Meerbote in Immanuel Kant, *Theoretical Philosophy 1755-1770* (Cambridge: Cambridge University Press, 1992), pp. 111-201.

「시령자의 꿈」(1766년 익명), *Träume eines Geistersehers, erläutert durch Träume der Metaphysik*, Königsberg: Johann Jakob Kanter, 1766; [Ak. 2:317-373]; Englische Ausgabe: *"Dreams of a Spirit-Seer Elucidated by Dreams of Metaphysics"*, Translated by David Walford and Ralf Meerbote in Immanuel Kant, *Theoretical Philosophy 1755-1770*, Cambridge University Press, 1992, pp.305-359.

「신정론에서 모든 철학적 시도의 실패에 대하여」(1791), *"Über das Misslingen aller philosophischen Versuche in der Theodicee"*, in *Berlinische Monatsschrift*(September 1791), pp.194-225. [Ak.8:255-71]; Englische Ausgabe: *"On the miscarriage of all philosophical trials in theodicy"*, Translated by Georg di Giovanni in Immanuel Kant, *Religion and Rational Theology*, edited and translated by Allen W. Wood and George di Giovanni

대하여 가장 마지막으로 남긴 논문은 1794년에 발표한 『만물의 종말』이다.[2] 이 글은 기독교의 종말 사상에 대한 철학적 태도를 표명한 것이지만, 실질적으로는 당시 칸트에게 주어진 프로이센 당국의 검열에 대한 비판적 입장이 드러나 있다는

(Cambridge University Press, 2001), pp. 24-37.

「인간 본성에서의 근본악에 대하여」(1792), *"Über das radikale Böse in der menschlichen Natur"*, in: *Berlinische Monatsschrift* (April 1792), pp. 323-84.

『순수한 이성의 한계 안에서의 종교』(1793), *Religion innerhalb der Grenzen der bloßen Vernunft* (Königsberg: Friedrich Nicolovius, 1793), xx, 296 pp.; 2nd enlarged edition: 1794 (xxviii, 314 pp). [Ak. 6:1-202]; *"Religion within the Boundaries of Mere Reason"*, Translated by Theodore M. Greene and Hoyt H. Hudson as *Religion within the Limits of Reason Alone* (New York: Harper & Row, 1960); Translated by George di Giovanni in Immanuel Kant, *Religion and Rational Theology*, edited and translated by Allen W. Wood and George di Giovanni (Cambridge University Press, 2001), pp. 57-215.

2) 만 70세가 되던 해에 칸트가 저술한 『만물의 종말』(*Das Ender aller Dinge*)은 비록 짧은 글이지만 그의 모든 종교사상을 함축적으로 나타낸 매우 중요한 작품이다. 이 원고는 『베를린 월간지』(*Berlinische Monatsschrift*) 1794년 6월호(S.495-522)에 게재되었다[Akademische Ausgabe, 8: 327-39; Englische Ausgabe, *"The End of All Things."* Translated by Ted Humphrey in Immanuel Kant, *Perpetual Peace and Other Essays*, Indianapolis: Hackett, 1983, pp.93-103; Translated by Allen W. Wood in Immanuel Kant, *Religion and Rational Theology*, edited and translated by Allen W. Wood and George di Giovanni, Cambridge University Press, 2001, pp.221-31, Koreanische Ausgabe, 이한구 편역, 『칸트의 역사철학』, 서광사 1992, pp.95-112]. 그로부터 약 3개월이 지난 1794년 10월 1일에 칸트는 프리드리히 빌헬름 2세로부터 그의 철학과 여러 논문들이 성경의 근본 교리를 곡해하거나 경멸한 사실이 있다는 내용으로 엄중한 문책을 받았다.

사실에서 세인의 관심을 불러일으켰다.

칸트의 종교적 견해는 프리드리히 대제(1740~1786)의 치하에서는 아무런 문제도 되지 않았다. 왕 자신이 종교사상의 자유를 보장했기 때문이다. 그러나 프리드리히 대제가 1786년에 죽으면서, 그의 조카 프리드리히 빌헬름 2세(Friedrich Wilhelm II)가 권력을 승계하였고, 그때부터 종교적 광신주의가 득세하기 시작했다. 프리드리히 빌헬름은 프리메이슨의 지도자 스타르크(J.A. Stark; Klerikat 설립자)의 영향을 받아 개종하였으며, 같은 노선에 있었던 뵐너(Johann Christoph Wöllner)와 비쇼프베르더(Rudolf von Bischoffwerder) 등을 기용하여 당대의 신학적 합리주의(theological rationalism) 노선에 적대적인 정책을 펼쳤다.3) 그리하여 프리드리히 빌헬름 치하의 보수당은 계몽 시대에 싹트기 시작한 시민들의 도덕적 종교성을 말살하기 시작하였다.

칸트는 1786년과 1788년에 쾨니히스베르크 대학의 총장(Rektor)이 되었으며, 1787년에 그는 베를린 학술원(Berliner Akademie der Wissenschaften) 회원으로 선출되었다. 1788년에 칸트가 『순수이성비판』을 헌정했던 당시 국무장관(Staatsminister)이었던 제트리츠(Baron Zedlitz)가 물러나고 프리드리히 대제가 '기만적이고 교활한 사제'라고 지목했고, 칸트와는 악연이었던

---

3) Wood, Allen W.: *General Introduction*, in: Immanuel Kant, *Religion and Rational Theology*, translated and edited by Allen W. Wood, George Di Giovanni, Cambridge University Press 1996, xv. 뵐너의 종교검열과 교회정치에 대해서는 비거만의 저서를 참고할 수 있다. Wiggermann, Uta: *Woellner und das Religionsedikt. Kirchenpolitik und kirchliche Wirklichkeit im Preußen des späten 18. Jrhrhunderts.* Mohr Siebeck, Tübingen 2010.

뵐너(J.C. Wöllner)가 부임했다.4) 그는 일주일 후인 1788년 7월 9일에 "프로이센국의 종교법에 관한 칙령"(*Edikt, die Religionsverfassung in den preußischen Staaten betreffend*)이라는 강력한 종교칙령(Religionsedikt)을 발표했다. 그것은 당시의 계몽주의 노선에 대한 반동이었으며, 이를 기반으로 그는 교회정치는 물론이고 교육정책에도 막강한 영향력을 행사하였다. 뵐너의 종교칙령은 당시 자유주의 진영의 사제들에게 심각할 정도의 압박을 가했으며, 칸트의 친구였던 하세(J.G. Hasse)에게도 불명예를 안겨다 주었다.

그리하여 칸트는 「사유 속에서 방향을 정한다는 것은 무엇을 뜻하는가?」라는 논문의 마지막 부분에서5) 자유를 추구하는 인간 이성의 능력은 모든 제한으로부터 독립적이어야 하며, 오직 도덕 법칙을 모든 행위의 동기가 되게 함으로써 그 스스로 권위를 얻을 뿐만 아니라, 그 자신의 자유를 합법적이고 합목적적으로 사용함으로써 최상의 세계에 기여할 수 있어야 한다는, 이른바 '계몽의 원칙'을 천명하였다.

그러나 칸트에게 직접적으로 영향을 미친 것은 1788년 12월 19일에 수정, 보완된 두 번째 종교칙령이었다. 뵐너는 검열위원회(Zensurkommission), 즉 즉심위원회(Immediat-Examinationskommission)로 불리는 새로운 검열 기구를 베를린에 설치하고,

---

4) Wood, Allen W.: *General Introduction*, in: Kant, *Religion and Rational Theology*, Cambridge University Press 1996, xvii: The religious edicts.

5) Kant, Immanuel: *Was heißt: sich im Denken orientieren?* in: Berlinische Monatsschrift, Oktober 1786, A327-330. Kant-Werke, Weischedel-Ausgabe Bd.5, S.267-283.

헤르메스(J.T. Hermes)와 힐머(G.F. Hillmer)를 검열관으로 임명하여, 도덕과 종교를 주제로 하는 모든 저술에 대한 검열을 한층 더 강화하였다. 이는 뵐너가 통제하지 못했던 루터파 교구의 종교 합리주의자들을 견제하기 위한 조처였으며, 1790년 말에 뵐너와 헤르메스는 즉심위원회를 신학생을 검열하는 새로운 제도로 가동하였다. 칸트 역시 1791년 6월에 볼터스도르프(T.C.G. Woltersdorf)로부터 침묵을 종용받았다.[6] 그러나 이에 격분한 칸트는 1791년 9월에 「신정론에서 모든 철학적 시도의 실패에 대하여」라는 글을 발표했다. 이는 단지 전초전일 뿐이었다.

칸트가 새로운 검열제도와 공식적으로 알력을 빚은 것은 이른바 『순수한 이성의 한계 안에서의 종교』의 두 번째 원고 때문이었다. 1792년 4월에 칸트는 첫 번째 원고 「인간 본성에서의 근본악에 대하여」[7]를 『베를린 월간지』에 실었지만, 두 번째 원고 「인간을 지배하기 위한 선의 원리와 악의 원리 사이의 투쟁에 관하여」(Von dem Kampf des guten Prinzips, mit dem bösen, um die Herrschaft über den Menschen)는 헤르메스의 검열로 인하여 출판이 거부되었다. 따라서 칸트는 자신이 쓴 종교 관련 논문들을 쾨니히스베르크 대학과 예나 대학의 철학부에 보내서 자신의 저술이 종교신학적 교의체계에 관한 것이 아니고 순수한 철학저서라는 사실을 판정하도록 위임하였으며, 그 결과 1793년 봄에 자신의 대표적인 종교 저서를 출판할

---

6) Wood, Allen W.: *General Introduction*, xix.

7) Kant, Immanuel: *Über das radikale Böse in der menschlichen Natur*, in: Berlinische Monatsschrift (April 1792), pp. 323-84.

수 있었다. 그리고 이듬해인 1794년 6월에 칸트는 뵐너의 보수적인 종교정책을 신랄하게 풍자한 「만물의 종말」을 출판하였다.[8] 이러한 종교 저술들이 나온 이후 프로이센 당국은 칸트에게 사실상 그와 같은 성격의 모든 저술 출판 활동을 금지하였다. 뵐너 자신이 직접 기안한 10월 1일자 프리드리히 빌헬름 황제의 편지가 칸트에게 전달되었던 것이다. 이 편지에서 칸트는 성경과 기독교의 주요 근본 가르침을 심각할 정도로 왜곡하고 비방했다는 비난을 받았다. 당시 칸트의 명성은 대단했기 때문에 그의 동료들은 그처럼 무례한 처벌 명령을 무시하도록 권고했으나 칸트는 황제의 명령을 따르기로 작정하였다. 그의 침묵은 황제가 사망한 후 『학부간의 논쟁』 서문에서 뵐너의 검열 서한을 공개할 때까지 계속되었다.[9]

그렇다면 칸트의 저술 「만물의 종말」을 포함한 종교 관련 저술들이 기독교에 적대적인 것이라고 해석할 수 있는가? 그것은 기독교 종말신앙의 본질적 이론을 부정하는가? 살모니(Salmony)가 지적한 것처럼, 칸트의 의도는 종말론을 부정하거나 반박하는데 있지 않고, 그것을 철학적으로 의미 있게 다루는데 있었다.[10] 세계 종말 그 자체는 인간의 이성으로 증명할 수 있거나 강요할 수 있는 성격의 지식이 아니므로, 그보다는 오히려 도덕적, 윤리적 의미를 확보하고자 했던 것이다. 그럼에도 불구하고 종말론에 대한 칸트의 윤리신학적 해석은 당시

---

8) Wood, Allen W.: General Introduction, xx.

9) Kant, Immanuel: *Der Streit der Fakultäten*. Königsberg 1798, Vorrede, Av-xxiv.

10) Salmony, H.A.: Kants Schrift *Das Ende aller Dinge*. Zürich 1962, S.10.

의 광신주의자들에게는 위험천만한 이단 사상으로 간주되었다. 그리고 칸트의 종교철학을 기독교적이라고 할 수 있는가에 대한 회의적인 반응들이 존재하는 것이 사실이다.[11]

---

11) Winter, Aloysius: *Kann man Kants Philosophie >christlich< nennen?*, in: Norbert Fischer(Hrsg.): *Kant und der Katholizismus: Stationen einer wechselhaften Geschichte*. Freiburg Basel Wien 2005, S.33-57; Bader, Franz: *Untergräbt die Transzendentalphilosophie Kants Grundpositionen der katholischen Glaubenslehre?*, in: Norbert Fischer, S.160-186.

3. 만물의 종말과 그 해석의 원리

이 저술에서는 칸트 철학의 두 가지 근본 원리가 작동되고 있다. 그 하나는 논리적으로 타당한 형식과 경험의 통일성(인격의 자체경험) 사이의 관계를 나타내는 '지성적 세계와 감각적-현재적 세계의 분리' 원칙이다. 두 개의 세계는 이론이성적으로 상호 침투가 불가능하다. 정신 안에서만 사유할 수 있는 것이 감각적으로 지속되는 삶 속에서 나타날 수 있는 유일한 가능성은 '신비'(Mystifikation)이다. 다른 하나는 칸트가 세상에서 신체적, 정신적-의지적 존재의 종말을 생각하는 연관들에 대한 물음과 관련하여 초시간적으로 '도덕적-실천적 이성의 철학적 원리'를 적용하고 있다는 사실이다. 따라서 칸트에서 종말과 관련되는 '만물'(alle Dinge)의 성격은 감성적인 원리를 충족하지 못한 것에 대해서는 이론적 인식이 불가능하지만 도덕적 실천적인 목적을 가지고 의미 있게 해석할 수 있는 것으로 규정된다.

그러므로 발타사르(Hans Urs von Balthasar)가 칸트가 신이나 자연적인 세계 사물이 아닌 유한한 정신 존재의 고유한 가능성 조건들에서 '종말론의 새로운 가능성'을 찾았던 것에 착안하여 칸트의 종말 이해를 '선험적 종말 이론'(transzendentale

Endlehre)이라고 규정한 것은 타당하다. 칸트는 '형이상학적' 종말론을 지양하고 '선험적 종말론'을 주창한 것이다. 그리하여 발타사르는 칸트의 선험철학을 '내적 묵시의 방법론'으로서 '자체 인식', '자체 묵시'로서의 '경험의 가능성 조건들'을 다루는 것으로 이해하였다.1)

이와 함께 종교의 주제가 되는 죽음은 '종교 의식의 심리적 핵심'으로 이행하게 된다. 모든 종교에서는 '시간에서 벗어나 영원에' 들어간다고 말한다. 그러나 바로 그 순간, 우리는 가변적이고 유한한 삶이 어떻게 초시간적 존재와 결합할 수 있는가라는 문제에 직면하게 된다. 칸트는 우리가 이로 인하여 '신비'에 빠지게 된다고 보았다. 모든 변화와 시간의 종말은 시간성 안에서 행위하고 사유하는 존재에게는 적용될 수 없기(unerträglich) 때문이다. 그러므로 칸트의 이 저술은 '의미 있는 세계 종말의 가능성 조건'에 대한 물음인 동시에 '종말론의 도덕철학적 정초 가능성의 조건'에 대한 물음이라고 할 수 있다. 우리는 이 두 가지 관심 속에서 그의 논지를 살펴보고자 한다.

앞에서 언급한 이성의 두 가지 철학적 원리에 근거하여 칸트는 만물의 종말 개념을 세 가지 유형으로 구분하였다.2) 칸

---

1) Balthasar, Hans Urs von: *Apokalypse der Deutschen Seele: Studien zu einer Lehre von letzten Haltungen* Bd.1, *Der Deutsche Idealismus*. Freiburg 1998, S.92. 다른 곳에서도 발타사르는 "칸트가 인식 분석으로 주체의 심층과 낭만주의의 인식을 탐색함으로써 내면을 향한 비밀스런 길로 나아가고 자아의 심연에 이르는 어두운 세계를 비로소 가능하게 하여, 하나의 새로운 종말론을 전개하였다." 라고 말하였다. Balthasar, Hans Urs von: *Geschichte des eschatologischen Problems in der modernen Deutschen Literatur*. (Zürich 1930), Freiburg 1998(2), S.90.

트에 의하면 이성의 이념은 그 사변적 인식에게는 초월적(überschwenglich)이지만, 그렇다고 해서 모든 관점에서 공허하다고 규정할 수 없다. 칸트는 입법적 이성(gesetzgebende Vernunft)에 의하여 주어지는 이러한 이념들이 실천적 의도에서(in praktischer Absicht) 특별한 기능을 가질 수 있다고 보았다(ED,A507). 만물의 궁극 목적에 관계하는 도덕적 원리를 위하여 그와 같은 이성의 이념들은 '객관적 실천적 실재성'(objektive praktische Realität)을 갖는 것으로 요청될 수 있기 때문이다. 따라서 칸트는 우리 자신의 이성의 산물인 '만물의 종말'이라는 개념 역시 우리의 인식 능력에 맞게 정리해야 한다고 보았다.

이러한 사실로부터 그는 만물의 종말을 '자연적(형식적) 종말'(das natürliche <formale> Ende), '신비적(초자연적) 종말'(das mythische <übernatürliche> Ende), '반자연적(잘못된) 종말'(das widernatürliche <verkehrte> Ende)로 구분하고 있다(ED,A508).

자연적(형식적) 종말이란 물리적 질서나 도덕적 질서 같은 특정한 질서의 법칙에 따라서 필연적으로 진행되는 것을 뜻한다. 칸트는 만물의 자연적 종말은 이성의 이론적, 사변적 의미에서는 접근할 수 없는 문제이지만, 실천적인 의미에서 그것은 신적 지혜의 도덕적 목적의 질서에 의거하여 우리가 확실하게 이해할 수 있는 차원에서 이루어진다고 생각하였다. 또한 자연적 원인에서 필연적인 것은 물질적-자연적(물리적-필연적)이라고 생각할 수 있다.

2) ED, Anmerkung A507ff.

신비적(초자연적) 종말과 반자연적(잘못된) 종말은 자연적 종말에 대립되는 개념들이다. '자연적인 것'에 반하는 '비자연적인 것'에는 '초자연적인 것'과 '반자연적인 것'이 있다. 전자는 우리가 이해할 수 없는 원인의 질서 안에 있는 만물의 신비적 종말을 뜻하고, 후자는 우리가 궁극 목적을 오해함으로써 생겨난 반자연적 종말을 뜻한다. 칸트는 이 세 가지 유형의 종말 개념을 상론하고 있다.

1) 만물의 자연적(형식적) 종말

칸트는 저술의 전반부에서 '만물의 자연적(형식적) 종말'을 다루고 있는데, 시간의 '종말'과 영원의 '시작' 개념 사이에서 제기되는 모순을 해소하기 위하여 도덕신학적 해석을 시도하였다. 칸트는 자연적 종말을 물리적 질서나 도덕적 질서 같은 특정한 질서의 법칙에 따라서 필연적으로 진행되는 것으로 이해했다. 그런데 이와 같은 자연 법칙과 질서는 신의 지혜에 의한 목적을 구현하고 있다. 칸트는 『판단력비판』에서 자연 세계에는 합목적성이 깃들어 있다는 생각을 밝힌 바 있다. 그러나 그러한 자연 필연적 의도는 우리들 인간의 지성, 특히 인간 이성의 이론적, 사변적 의미에서는 파악될 수 없으며, 따라서 접근 불가능한 개념이었다. 그럼에도 불구하고 칸트는 이성의 실천적인 사용에서 우리는 신적 지혜의 도덕적 목적의 질서에 의거하여 자연 세계가 유지되고 있으며, 최고 이성 존재자의 궁극 목적을 실현하기 위하여 만물의 자연적 종말이 올 것이라는 것을 확실하게 이해할 수 있다고 보았다. 칸트는 기독교가 구성적인 의미에서 다루던 종말론의 문제를 도덕적-실천적 차원에서 접근했던 것이다.

칸트는 인간의 죽음과 관련하여 만물의 자연적 종말이 흔히 "시간에서 영원으로 들어가는 것"(aus der Zeit in die Ewigkeit)으로 비유되는 사실에 주목한다(ED,A495). 그러나 영원이란 무엇인가? 칸트에 의하면 영원은 '무한하게 계속되는 시간'(eine ins Unendliche fortgehende Zeit)으로 이해되어서는 안 된다. 그러한 표현은 아무런 의미도 가질 수 없기 때문이다. 그것은 '시간에서 벗어나는 것'이 아니라 '시간의 한 지점에서 다른 지점으로 옮기는 것'에 불과하여 '시간 속에' 계속 머물러 있을 뿐이다. 따라서 '시간에서 영원으로 들어가는 것'은 '모든 시간의 종말'(ein Ende aller Zeit)이어야 한다. 그러나 '부단한 영구지속에서 모든 시간의 종말'은 도저히 '상상할 수 없는 실존의 형식'이다. 인간처럼 생명을 가진 존재는 '단절되지 않은 지속'(ununterbrochene Fortdauer)으로서의 '크기'(Größe), 즉 '시간과는 전혀 비교할 수 없는 크기'(eine mit der Zeit ganz unvergleichbare Größe)로서의 '지성적 지속'(duration noumenon)를 가지고 있기 때문이다. 그러나 칸트는 그런 것에 대하여 어떤 개념도 가질 수 없다는 사실을 잘 알고 있다.[3] 이성의 이론

3) '영원성'은 '시간 없는 지속'(Dauer ohne Zeit), 즉 '단절되지 않은 지속에서의 모든 시간의 종말'(ein Ende aller Zeit bei ununterbrochener Fortdauer)을 뜻한다. '미래의 삶'(künftiges Leben)은 '영원한 실존'(ewige Existenz)으로서 '단절되지 않은 인간의 지속에서의 모든 시간의 종말'(ein Ende aller Zeit bei ununterbrochener Fortdauer)을 뜻한다. 이 경우에 '지속'(Dauer)은 '시간과 전혀 비교할 수 없는 크기'(eine mit der Zeit ganz unvergleichbare Größe)이다. 이로부터 시간과 영원 사이에서 해석상의 어

적 사용을 넘어서는 문제이기 때문이다.

여기에서 발타사르는 칸트에서 '자연적 종말'은 물리적 도덕적으로 유한한 존재, 즉 '마지막을 고하는 유한 존재'(endendes Endliches)와 관련되며, 그 때문에 그것을 '초월 작용의 종말'(das Ende des Transzendierens)로 해석하였다.4) 칸트는 인간의 죽음과 만물의 종말은 우리로 하여금 되돌아올 수 없는 심연의 가장자리로 인도하지만(Albrecht von Haller), 그것들은 동시에 영원을 향하도록 유혹하고 있다는 사실에서(Virgil), 어떤 전율(etwa Grausendens)을 느끼지 않을 수 없다고 말했다(ED,A 496).

그리하여 칸트는 영원의 개념이 보편적인 인간 이성과 만날 수 있는 가능성을 곧 바로 이성 사용의 도덕적 관점에서 발견하고자 했다.

"우리는 시간 존재와 가능한 경험의 대상으로서의 만물의 **종말**(das ***Ende*** *aller Dinge*, als Zeitwesen und als Gegenstände möglicher Erfahrung[이탤릭체와 진하게 표시는 필자에 의한 것임, 이하 동일])과 부딪치게 되지만, 그러나 그 종말은 도덕적인 목적의 질서에서(in der moralische Ordnung der Zwecke) 볼 때 시간적인 조건에 제약되지 않는 초감성적인 존재로서의 만물의 지속의 **시작**(der ***Anfang*** *einer Fortdauer* eben dieser als übersinnlicher, folglich nicht unter Zeitbedingungen stehender, Wesen)이며, 따라서 그 상태와 속성에 대해서는 오직 도덕적 규정만이 가능할 뿐이

려움이 제기된다.

4) Balthasar, *Der Deutsche Idealismus*, S.95.

다"(ED,A497).

다시 말하면 칸트에게 종말의 문제는 이론적으로 '경험이 가능할 수 있는' 세계 영역이 아니다. 칸트에서 이론적 지식은 경험의 가능성 조건에 부합되어야 한다. 대상 경험은 사물 자체에 대한 감성 형식인 공간과 시간(직관)에 의한 '인상들의 수용'뿐만 아니라 이성 범주(개념)의 자발성(논리적 추론 작용)을 전제하고 있다.[5] '시간 없는 지속'(Dauer ohne Zeit)으로서의 영원(Ewigkeit)은 시간의 배제를 통하여 감성의 세계를 떠난 것이므로, 만물이 시간의 마지막과 함께 영원 속으로 이행한다는 종말론적 사건은 결코 직관, 감각적 지각, 인식의 대상이 될 수 없고, 따라서 이론적 지식의 대상이 될 수도 없는 것이다. 우리에게 지식은 사물 자체의 현상으로서만 가능하며, 우리가 없는 존재 그 자체에 대한 이론적 지식은 성립할 수 없기 때문이다. 그리하여 칸트는 '시간 존재로서의 만물의 종말'은 오직 도덕적인 목적의 질서에서 "시간적인 조건에 제약

5) "Unsre Erkenntnis entspringt aus zwei Grundquellen des Gemüts, deren die erste ist, die Vorstellungen zu empfangen (die Rezeptivität der Eindrücke), die zweite das Vermögen, durch diese Vorstellungen einen Gegenstand zu erkennen (Spontaneität der Begriffe); durch die erstere wird uns ein Gegenstand gegeben, durch die zweite wird dieser im Verhältnis auf jene Vorstellung (als bloße Bestimmung des Gemüts) gedacht. Anschauung und Begriffe machen also die Elemente aller unsrer Erkenntnis aus, so daß weder Begriffe, ohne ihnen auf einige Art korrespondierende Anschauung, noch Anschauung ohne Begriffe, ein Erkenntnis abgeben *können*." Kant, Immanuel: *Kritik der reinen Vernunft*, Riga 1781(A), 1787 (B). A50;B74.

되지 않는 초감성적 존재로서의 만물의 지속의 시작"으로 규정하는 것이 가능하다고 보았던 것이다. 만물의 종말이 의미있게 논의될 수 있는 유일한 공간은 바로 도덕적인 이성 사용의 영역이었던 것이다. 그 계속적인 지속을 배제할 수 없는 '만물의 자연적 종말'은 오직 '도덕적 목적의 질서 아래에서' 그리고 '실천적인 의도', 곧 '윤리적인 행위 의도 안에서'만 의미를 갖게 되는 것이다.[6] 이러한 사실에서 칸트는 신 존재증명의 경우에서와 마찬가지로 기독교 종말론의 문제 역시 실천적, 도덕적 이성 사용에서 제한적으로 접근하고 있는 것을 알 수 있다.

이러한 사실은 최후심판의 날인 '마지막 날'에 대한 칸트의 설명에서도 확인된다. 칸트는 '만물의 종말'인 바로 '그 날' 이후에 오는 이른바 '영원의 시작'으로서 '그 날의 다음 날'은 어떤 관계에 있는가를 물은 바 있다. 이 물음에는 시간과 영원의 존재 규정에 따른 아포리아가 도사리고 있다.[7] 만물이 종

---

6) Salmony, H.A.: Kants Schrift *Das Ende aller Dinge*. Zürich 1962, S.20.

7) '날들'(Tage)은 시간의 아이들(Kinder der Zeit)이자 시간 단위이다. 그런데 모든 시간이 끝나는 시점인 '마지막 날'(letzten Tag)을 우리는 '가장 젊은 날'(jüngsten Tag)이라고 부른다. 이는 어떤 부모의 마지막 자녀(letztes Kind)를 막내아이(jüngstes Kind)라고 부르는 것과 마찬가지이다. 그러나 이 마지막 날에도 여전히 무언가가 일어나며, 따라서 아직 시간에 속하므로 영원과는 아무 관계도 없다. 동시에 그 마지막 날은 인간들의 전 생애에 걸친 모든 태도들을 결산하는 이른바 '심판의 날'(Gerichtstag)이다. 그러므로 세계 심판자의 은총 및 저주 판결(das Begnadigungs- oder Verdammungs-Urteil des Weltrichters)은 시간 안에 있는 모든 사물들의 진정한 **종말**(das eigentliche ***Ende*** aller Dinge in der Zeit)인 동시에 (축복이나

말을 고한 다음 날에 영원의 시작을 알리는 '날'이 온다면, 그것은 앞에서 칸트가 말했던 것처럼 '날들'이 계속되는 것에 불과하기 때문이다. 바로 이런 사실에서 칸트는 만물의 종말과 영원의 시작을 물리적, 이론적 관점에서가 아니라 오직 도덕적 관점에서만 바라보아야 한다고 주장한다.

만일에 최후의 사건이 단순히 현재 세계의 종말, 즉 하늘에서 별들이 떨어지고, 하늘이 두루마리 같이 말려 없어지고, 하늘과 별이 불타 없어지는 종말이 아니라,[8] 축복받은 자를 위한 새로운 천지의 창조와 저주받은 자들을 위한 지옥의 창조라고 한다면, 그 날 다음에 다른 날들이 이어서 계속될 것이므로 심판의 날은 '마지막 날'이 될 수 없을 것이다. 따라서 칸트는 "**만물의 종말의 이념**(고딕 표시는 필자에 의한 것임)의 근원은 세계의 물리적 과정에 관한 추론에서 기인하는 것이 아니고, 세계의 도덕적 과정에 관한 추론에서 기인하는 것"(da die Idee eines Endes aller Dinge ihren Ursprung nicht von dem Vernünfteln über den physischen, sondern moralischen, Lauf der Dinge in der Welt hernimmt)이라고 이해하면서, '초감성적 세계'와 '영원'의 개념 역시 도덕적 관점에서 접근하였던 것이다. 따라

저주 받은) 영원의 시작(der ***Anfang*** der <seligen oder unseligen> Ewigkeit)이다(ED,A497). 따라서 마지막 날에 각자에게 할당된 운명대로 영원이 지속된다는 점에서 그것은 바로 최후의 심판을 뜻하는 것이다.

8) "하늘의 별들은 무화과나무가 거센 바람에 흔들려 설익은 열매가 떨어지듯이 땅으로 떨어졌습니다. 하늘은 두루마리가 말리듯 사라져 버리고, 산과 섬은 제자리에 남아 있는 것이 하나도 없었습니다."(묵시 6,13-14) "하느님의 날[...]이 오면 하늘은 불길에 싸여 스러지고 원소들은 불에 타 녹아버릴 것입니다." (2베드 3,12), 『성경』, 한국 천주교 주교회의 2005.

서 칸트에 의하면 심판의 날 다음에 나타날 사건들에 대한 감각적 표상(Versinnlichung)은 우리가 이론적으로는 도저히 이해할 수 없는 것이지만, 우리가 납득할 수 있도록 최후 심판의 도덕적 결과로 간주된 것들이다(ED,A498). 이것은 바로 칸트가 『실천이성비판』에서 제기한 요청이론적 요소들이 그대로 작동되고 있는 사실을 보여준다.9)

우리는 여기에서 칸트가 마지막 날로서의 심판의 날과 영원한 세계의 문제 역시 이론적으로 그 존재를 긍정하거나 부정할 수 없지만 도덕적인 필연성의 요구에 의하여 그 존재를 전제하지 않을 수 없는 명제로서 이해했다는 사실을 간파할 수 있다.10). 칸트의 종말론 구상에서 시간의 종말과 영원의 시작 개념은 세계 과정의 물리적-자연적, 이론철학적 파악에 의해서가 아니라 철저하게 이성신앙 또는 도덕신학의 필연적인 요구에 의하여 새롭게 해석되었던 것이다.

---

9) Kant, I.: *Kritik der praktischen Vernunft*, Riga 1788, A219-223: das Postulat von der *"Unsterblichkeit der Seele"* als einem *"ins Unendliche gehenden Progressus"*. 발타사르에 의하면 인간의 죽음이라는 '한계' 개념이 단지 이론적 관점에서 '시간의 종말'을 뜻한다면 그것은 아무런 지위가 없는 개념에 불과하다. 시간이 영원 안에서 초월한다는 것은 공허한 주장이기 때문이다. 그러나 '한계' 개념이 실천적인 관점에서 '심판의 날', 즉 '세계 심판자의 은총 판단이나 혹은 저주 판단'에 의하여 '시간에서 만물의 본래적인 종말'(Kant)을 뜻할 경우에, "인간이 세계 종말을 기대하는 것은 이성 존재가 세계의 지속 가운데서 그 현존의 궁극 목적에 부합되는 한에서만 세계 지속이 가치를 갖는다." 라는 신화의 의미를 얻게 된다. Balthasar, *Der Deutsche Idealismus*, S.95.

10) 칸트의 요청이론에 대한 확장적 해석은 Jin Kim, *Kants Postulatenlehre*, Frankfurt 1988 참조.

계속해서 칸트는 '미래의 영원성'(die künftige Ewigkeit)에 관한 대표적인 두 이론 체계인 일원론자(der Unitarier)와 이원론자(Dualisten)를 소개한다. 일원론(Unitarismus)은 많든 적든 간에 장기간의 속죄에 의하여 정화된 모든 이들에게 구원을 약속하지만, 이원론(Dualismus)은 일부 선택된 사람들에게만 구원을 약속하고 나머지 사람들에게는 영원한 형벌을 선포한다(ED,A499). 신플라톤주의의 유출론적 사유에서는 모든 것이 '일자'(das Eine)인 신에서 흘러나와 신으로 회귀한다(만물복귀설)고 보았기 때문에 그와 같은 세계관적 사유에 걸맞은 만인구원설이 지지되었다. 그와 반대로 아우구스티누스에서 토마스 아퀴나스로 이어지는 정통 기독교에서는 천국과 지옥(연옥)의 개념을 설정하고 그리스도를 믿는 사람들에게만 구원이 주어진다고 보는 이른바 선별적 구원론을 채택하고 있다.

우선 칸트는 모든 사람이 형벌을 받을 운명에 처하여 있다는 '만인절멸설'(die Vernichtung aller)은 '거짓된 지혜'(verfehlte Weisheit)라고 보았다. 창조주가 자신의 작품이 만족스럽지 못하다는 이유로 모든 존재를 파괴하지 않고서는 그 결점을 구제할 길이 없다고 한다면 그것은 결국 신 그 자신의 지혜가 불완전하다는 것을 뜻하기 때문이다. 그런데 칸트는 이와 같은 난점이 이원론자들에게도 똑 같이 해당된다고 보았다. 소수의 사람들이나, 아니면 단 한 사람이라도 그가 만일 영원히 저주받기 위하여 존재한다면, 왜 그들이 창조되었으며 이러한 운명은 전혀 존재하지 않은 것보다 더 큰 화가 아닌가라고 물을 수 있기 때문이다(ED,A500).[11]

그럼에도 불구하고 칸트는 이원론 체계가 '최고로 선한 하나의 근원 존재'(unter einem höchstguten Urwesen)를 상정하는 점에서 실천적인 의도에서는 '그 자체로 하나의 우수한 근거'(einen überwiegenden Grund in sich)를 가질 수 있다고 판단하였다. 모든 사람들은 물론 다른 이들을 심판할 능력은 가지고 있지 않다. 그러나 만일 그가 자기 자신을 심판하지 않으면 안 될 경우, 그는 자신의 이성에 의하여 지금까지 양심에 따랐던 자신의 행위에 근거하여 자신의 생애 마지막에 스스로에게 제시하는 만큼의 영원에 대한 기대(Aussicht in die Ewigkeit)를 가질 수 있다. 그러나 칸트는 이런 사실만으로 도그마(Dogma), 즉 '그 자체 (객관적으로) 타당한 이론 명제'(einen an sich selbst <objektiv> gültigen theoretischen Satz)로 만드는 것은 어렵다고 보았다. 이성의 단순한 판단만으로 그것을 만들기가 충분하지 않기 때문이다(ED,A501).

어떤 사람이 정말로 도덕적으로 바르게 살았던 자신의 삶의 여정들을 이끌었던 원인들 가운데서 '행운의 탓'(Verdienst des Glücks)으로 생각할 수 있는 모든 것들, 즉 그 자신의 선천적인 선량한 기질, 자신의 충동을 억제하는 오성과 이성 같은 고차적 능력의 자연적 우수성, 타인들이 직면했던 유혹들을 회피할 수 있었던 우연한 기회 등을 모두 배제하고서, 모든 것을 감찰하시는 세계 심판자의 눈으로(vor dem allsehenden Auge

11) 실제로 욥은 자신의 비참이 죽음보다 못하다고 고통을 호소한다: "어찌하여 내가 태중에서 죽지 않았던가? 어찌하여 내가 모태에서 나올 때 숨지지 않았던가?" (욥 3,11) "어찌하여 그분께서는 고생하는 이에게 빛을 주시고 영혼이 쓰라린 이에게 생명을 주시는가? 그들은 죽음을 기다리건만, 숨겨진 보물보다 더 찾아 헤매건만 오지 않는구나. 그들이 무덤을 얻으면 환호하고 기뻐하며 즐거워하련만." (욥 3, 20-22)

eines Weltrichters) 자기 자신이 다른 사람보다 도덕적으로 우월한가를 판단할 수 있는가? 이것이 가능하려면 우선 자신의 본래적인 공적이 아닌 모든 우연적인 요소들을 무당파적인 입장에 서서 배제해야 할 것이다. 그리고 자신의 도덕적 가치를 자신에게 유리하게 판단하는 이른바 자기기만으로부터 벗어나야 할 것이다(ED,A502). 그러나 이러한 일은 현상적으로 불가능한 것처럼 보인다.

칸트에게는 일원론자와 이원론자의 이론체계 모두 인간 이성의 사변적 능력을 초월하는 도그마로 보였다. 따라서 그는 모든 이성 이념을 실천적 사용의 조건에만 한정하도록 물러서야 한다고 생각하였다. 왜냐하면 우리는 미래 세계에서의 우리 운명에 대하여 우리 자신의 양심 판단, 즉 우리가 알고 있는 현재의 도덕적 상태에 관하여 합리적으로 판단하는 것 이외에는 아무것도 알 수 없기 때문이다. 그리하여 칸트는 선의 원리이든 악의 원리이든 우리의 생애 마지막까지 우리를 지배하고 있는 '우리의 생활 원리들'(Prinzipien unseres Lebenswandels)이 사후에도 계속해서 지배할 것이라는 사실과, 그리고 미래에 그 생활 원리들이 변경될 것이라고 가정할만한 어떤 이유도 없다는 사실을 인정할 필요가 있다고 강조한다. 우리가 선의 원리나 악의 원리의 지배하에 있는 영원에서도 특정한 공적이나 죄책에 상응하는 결과를 기대할 수 있어야 하는 사실이 중요하다는 것이다(ED,A502).

이런 의미에서 칸트는 우리가 현세에서 도달한 도덕적 상태와 그 결과는 내세에서도 변하지 않을 것이라고 상정하고 행동하는 것이 현명하다고 보았다. 따라서 그는 실천적 관점에서 볼 때 이원론적 이론체계가 보다 적절하다고 주장했다. 일원론의 이론체계에서는 사람들이 너무 안일하게 지내는 것처럼 보이기 때문이다. 그러나 칸트는 이론적인 측면이나 순수 사변적인 측면에서 어느 이론이 탁월한가를 결정하려고 하지 않았다(ED,A503). 이러한 사실에서 우리는 칸트가 현세를 넘어선 영원의 세계에서도 현세의 도덕적 지침들이 그대로 존속되고 유효하다고 간주하는 것이야말로 그가 강조하는 도덕적 실천적 관점이라는 사실을 확인할 수 있다.[12)]

그리하여 칸트는 사람들이 '세계의 종말'(ein Ende der Welt)에 기대하고, 그것도 특히 '공포를 수반한 종말'(ein Ende mit Schrecken)에 대하여 언급하는 근거 역시 이성(Vernunft) 자체에서 찾고자 하였다. 즉, 세계의 지속은 세계 속의 이성적 존

---

12) 칸트는 『실천이성비판』에서 제시한 요청이론에서 최고선의 실현을 부단하게 촉진하는 도덕적 주체의 존립 가능성으로서 '영혼불멸성'을 요청하였다(KdpV,A220). 영혼의 존재는 이성의 이론적 사용에서는 그 존재를 증명할 수도 없고 부정(반박)할 수도 없는 초월적 이념으로서 그 객관적 실재성을 담보할 수 없는 개념이지만, 실천적 도덕적 이성 사용의 필요성에 의하여 요청한 것이다. 영혼이 죽지 않고 영원히 존재한다는 사실로부터 도덕적 최고선 수행을 위한 '무한한 접근' 혹은 '진보'(Postulat des ins Unendliche gehenden Progressus, Erfordernis des unendlichen Fortschritts)가 가능하게 되기 때문이다.

이곳 『만물의 종말』에서도 칸트는 이성의 이론적 사용에서는 그 존재에 대한 인식을 가질 수 없는 '만물의 종말'과 '영원한 세계'에 대하여 실천적 도덕적 필요성에 의하여 그 객관적 실재성을 요구하게 된 것이다. 이 두 경우 모두에 요청 명제로서의 지위를 가지고 있으며, 따라서 불멸하는 영혼의 존재와 마찬가지로 만물의 종말 이후에 오는 영원한 세계의 개념이 갖게 되는 객관적 실재성은 이성 사용의 이론적 의도가 아닌 실천적 의도에서만 타당성을 갖게 되는 것이다.

재자가 그 존재의 궁극 목적에 부합하는 한에서만 가치를 갖게 된 목적에 부. 그러나 만일 이 궁극 목적이 달성될 수 없는 것이라면 창조 자체는 세계의 지속에 아무런 목적도 갖고 있지 않은 것처럼 보일 것이다. 이어서 칸트는 종말의 기대에 대한 두 번째 근거를 절망(Hoffnungslosigkeit) 상태로까지 전개된 인간 종족의 타락한 본성(verderbten Beschaffenheit des menschlichen Geschlechts)에서 찾고자 하였다. 종말(ein Ende), 그것도 특히 무서운 종말(ein schreckliches Ende)에 대한 준비는 최고의 지혜(höchsten Weisheit)와 최대 다수의 인간들의 견해에 따른 정의(Gerechtigkeit)에 부합되는 유일한 방책이기 때문이다 (ED,A505).[13]

이처럼 칸트는 인간들이 재앙적 전조들에 대하여 부담을 느끼고 있지만, 그것들이 긍정적인 측면에서 교훈이 되기도 한

---

13) 칸트에 의하면 '최후의 날에 대한 전조들'(die Vorzeichen des jüngsten Tages) 모두가 공포스러운 것은 바로 큰 기대에 의한 흥분으로 상상력을 고조시키려는데 있다. 그리하여 혹자는 이런 전조들을 '만연하는 부정'에서(in der überhandnehmenden Ungerechtigkeit), '부자의 호사에 의한 빈자의 억압'에서(Unterdrückung der Armen durch übermütige Schwelgerei der Reichen), '정직과 신념의 일반적 상실'에서(allgemeinen Verlust von Treu und Glauben), '세계 구석구석에서 일어나는 참혹한 전쟁'(in den an allen Erdenden sich entzündenden blutigen Kriegen) 등에서 발견하기도 하고, 혹자는 그런 전조들을 전대미문으로 생각하는 도덕적 퇴폐(moralischen Verfall)와 범죄의 급속한 증가(schnelle Zunahme aller Laster) 및 그로부터 나오는 여러 죄악들에서 느끼기도 하지만, 혹자는 지진(Erdbeben), 폭풍(Stürmen), 홍수(Überschwemmungen), 혜성(Kometen), 대기징후(Luftzeichen)와 연계된 특이한 천재지변(ungewöhnliche Naturveränderungen)에서 느끼기도 한다(ED,A506).

다고 보았다. 칸트에 의하면 인류의 진보에서 재능(Talente), 숙련(Geschicklichkeit), 취미(Geschmacks)의 계발(Kultur)은 사치(Üppigkeit)로 귀결되는데, 이것은 자연적으로 도덕성(Moralität)의 발달보다 앞서 간다는 사실을 보여준다. 인간의 욕망은 그것을 만족시키는 수단보다 훨씬 더 빠르고 강력하게 성장하기 때문에 그런 상황은 신체 건강뿐만 아니라 도덕성에 대해서도 무척 해롭고 위험하다.14) 그러나 칸트는 인류의 도덕적 소질이 언젠가는 욕망을 뒤따라 잡을 것이라고 낙관했다. 우리 시대의 도덕이 그 이전 시대보다 우월하다면 마지막 날은 코라당(Rotte Korah, 「민수기」 16, 32)의 몰락과도 같은 지옥행(Höllenfahrt)보다는 엘리아의 승천(Eliasfahrt, 「열왕기 하권」 2, 11)으로 시작되는 지상에서의 만물의 종말이 성취될 것이라는 희

14) 세계시민적 관점에서 본 보편사의 이념: 자연의 계획은 "인류의 완전한 시민적 통합"(제9명제)을 목표로 하여 "보편적으로 법이 지배하는 시민사회의 건설"(제5명제)이나 "국내적으로나 국제적으로도 완전한 국가체제"(제8명제)의 수립을 추구하지만, 그것을 실현하는 과정에서 "인간들 간의 불화를 수단으로 하여 그런 불가피한 대립 속에서 평화와 안정의 상태"를 찾아내는 것이다(제7명제). 칸트는 그것을 '반사회적인 사회성'(ungesellige Geselligkeit)이라고 불렀다(제4명제). "자연이 인간들의 모든 소질을 계발시키기 위해 사용하는 수단은 그 항쟁이 궁극적으로 사회의 합법칙적인 질서의 원인이 되는 한에서, 사회 속에서의 인간들 상호간의 항쟁(Antagonism)이다. [...] 즉 부단하게 사회를 파괴하려고 위협하는 일반적인 저항들과 결합하고 있으면서도 사회를 이루고 살려는 인간의 성향을 말한다." 따라서 인간은 불화, 악의적인 경쟁심, 만족할 줄 모르는 소유욕이나 지배욕을 준 자연에게 오히려 감사해야 한다는 것이다. Kant, Immanuel: *Idee zu einer allgemeinen Geschichte in weltbürgerlicher Absicht*, in: Gothaische Gelehrte Zeitung, 12, 1784. (Kant-Werke, Weischedel Ausgabe, Bd.9, Darmstadt 1983, S.33-50).

망을 가질 수도 있다. 이러한 세계관적 낙관주의는 칸트 당대의 계몽주의적 지적 분위기를 반영하고 있다. 칸트는 전쟁이나 만물의 종말 앞에서 선구적으로 예감되는 두려움과 공포가 최고선의 완전한 실현을 위하여 도덕적 수행을 부단하게 도모하려는 사람들의 심정(Gemüter)을 전도(Bekehrung)하게 하는 강력한 요인이 될 수 있을 것이라고 보았던 것이다(ED,A507).

만물의 자연적 종말은 칸트의 경우에 오직 도덕적, 윤리적인 의도에서만 의미 있게 진술될 수 있다. 그것은 이성의 이론적 사용에서는 지식의 대상이 될 수 없었으며, 단지 실천적 측면에서만 '전적으로 시간과 비교할 수 없는 단절되지 않은 지속의 크기'로서의 영원성 개념이 그 의미를 가질 수 있었던 것이다. 그것은 곧 칸트가 종말론적 사건들에 대해서도 최고선의 실현 가능성 조건으로서 요구했던 요청명제들과 같은 맥락에서 접근했던 사실을 말해준다.

2) 만물의 신비적(초자연적) 종말

두 번째로 칸트는 만물의 신비적 초자연적 종말에 대하여 언급한다. 이것은 자연적인 세계 질서를 넘어서서 초자연적 피안의 세계로 이행하는 이른바 '초월의 결과'(das Resultat der Transzendenz)로서 주어지며, '세계 종말', '심판', '천국과 지옥' 등이다.[15] 그러나 칸트는 이런 초월적 존재 사실들, 즉 만물의 초자연적 신비 현상들에 대해서 감성적으로 판단하자마

15) Balthasar, *Der Deutsche Idealismus*, S.95f.

자 논리적 오류에 빠지게 된다는 사실을 지적하고 있다. 우리의 이성 인식으로는 도무지 접근할 수 없는 영역인 것이다. 따라서 심판, 그리고 천국과 지옥과 같은 초월적 종말의 사실들 역시 무제약적인 도덕적 요구에 의해서만 의미 있게 이해할 수 있다고 보았다. 칸트는 「요한묵시록」의 한 문장을 단초로 하여 입론을 시도하고 있다(ED,A509).

"천사가 오른손을 하늘로 쳐들고서는, 영원무궁토록 살아 계신 분을 두고, 하늘과 [...] 그 안에 있는 것들을 창조하신 분을 두고 맹세하였습니다. '시간이 얼마 남지 않았다.'(daß hinfort keine Zeit mehr sein soll)." (「묵시록」 10, 5-6)[16]

여기에서 "시간이 얼마 남지 않았다." 라는 것은 종말까지 우리에게 남은 시간은 별로 없다는 것이다. 그렇다면 이 말이 구체적으로 뜻하는 바는 무엇일까? 칸트는 이 천사가 "일곱 봉인에 대하여 큰 소리로"(「묵시록」 5, 3) 의미 없이 외치려고 했던 것으로 생각하지 않는다면, 그것은 곧 "이후에 어떤 변화도 없어야 한다(daß hinfort keine Veränderung mehr sein soll)."는 것으로 이해되어야 한다고 보았다. '시간'을 '변화'로 고쳐서 읽은 것이다. "변화는 시간 속에서만 일어날 수 있고 시간을

16) 그러자 내가 본 천사 곧 바다와 땅을 디디고 서 있던 천사가 오른손을 하늘로 쳐들고서는, 영원무궁토록 살아 계신 분을 두고, 하늘과 그 안에 있는 것들, 땅과 그 안에 있는 것들, 바다와 그 안에 있는 것들을 창조하신 분을 두고 맹세하였습니다. "시간이 얼마 남지 않았다. 일곱째 천사가 불려고 하는 나팔 소리가 울릴 때, 하느님께서 당신의 종 예언자들에게 선포하신 대로 그분의 신비가 완전히 이루어질 것이다." (묵시 10,5-7)

전제하지 않은 변화는 전혀 생각될 수 없으므로, 세계 속에 어떤 변화가 있다면 시간 역시 존재할 것이기 때문이다"(ED, A509).

우리는 앞에서 종말과 관련되는 '만물'(alle Dinge)이 칸트적인 의미에서 이론적 이성 사용의 모순에 직면하게 된다는 사실을 확인한 바 있다. 여기에서 '만물의 종말'이란 "그것에 대하여 어떤 개념도 형성할 수 없는 감각의 대상들"(Gegenstände der Sinne, vorgestellt, wovon wir uns gar keinen Begriff machen können)이기 때문에, 우리가 "만일 감성의 세계를 벗어나서 지성적 세계로 일보라도 내딛게 되면 불가피하게 모순에(in Widersprüche) 직면하게 되는 것이다"(ED,A510). 칸트에 의하면 그것은 "감성적 세계의 종말이 이루어지는 순간이 바로 지성적 세계가 시작되어야 한다(daß der Augenblick, der das Ende der erstern[sc. Sinnenwelt] ausmacht, auch der Anfang der andern [sc. intelligiblen Welt] sein soll)고 생각되기 때문에 일어나며, 지성적 세계와 감성적 세계는 하나의 동일한 시간 계열 속에 존재하게 되므로 그 자체 모순된다(mithin diese mit jener in eine und dieselbe Zeitreihe gebracht wird, welches sich widerspricht)."(ibid.)는 것이다.

칸트는 우리가 일반적으로 "어떤 지속을 (영원으로서) 무한하다[eine Dauer als unendlich (als Ewigkeit)]"고 생각할 경우에, 우리가 그 크기에 대하여 규정할 수 있는 개념을 가지고 있지 않다고 말한다. 왜냐하면 영원은 그 자신의 척도가 되는 시간을 전혀 가지고 있지 않기 때문에, 그런 크기를 가지는 것 자체가 불가능하기 때문이다. 시간이 없으면 종말도 일어나지 않으므로 그런 개념은 단지 '영원한 지속의 부정적 개념'(ein negativer von der ewigen Dauer)에 지나지 않는다. 따라서 그 개념은 우리의 지식을 전혀 확장하지 못한다. 마찬가지로 칸트는 이성은 실천적인 의도(in praktischer Absicht)에서의 궁극 목적(Endzweck)을 '부단한 변화의 도정에서는'(auf dem Wege beständiger Veränderungen) 결코 충족하지 못한다고 보았다.17) 또한 이성이 '세계존재 상태의 정지 및 불변성의 원리'(Prinzip des Stillstandes und der Unveränderlichkeit des Zustandes der Weltwesen)를 가지고 그것을 시도하더라도, 그 이론적 사용에서는 만족스럽지 못하고 전적으로 허탄한 상태에 빠지게 될 것이다. 그리하여 이성은 단지 "궁극 목적을 향한 부단한 진보 내에서 (시간 속에서) 무한을 향하여 전진하는 어떤 변화"(als sich eine ins Unendliche (in der Zeit) fortgehende Verändrung, im beständigen Fortschreiten zum Endzweck)를 생각할 수밖에 없게 되는데, 이 궁극 목적과의 연관에서 이성의 성향(Gesinnung)은 변화하는 '하나의 현상'(ein Phänomen)이 아니고, 시간 속에서

---

17) 이것은 인간 자신의 도덕적인 노력과 최고선의 실현을 위한 무한한 접근 또는 전진에도 불구하고 인간 자신은 여전히 죄인의 상태에 있다(근본악의 문제)는 사실을 뜻한다. 칸트의 영혼 불멸성 요청은 자율성에 기초한 의무 윤리학에서 도덕적 행위 주체의 존재를 확보하기 위한 것이다. 그러나 그것만으로 최고선의 완전한 실현이 성취되는 것은 아니다. 도덕성의 성취를 위한 영혼불멸성 요청이나 '무한한 전진(접근) 요청'은 최고선의 완전한 실현을 위한 필요조건일 뿐이지 충분조건이 아니다. 칸트의 요청적 사유에서 최고선의 완전한 실현을 위한 필요 충분 조건은 '신 존재의 요청', '지상적 신국의 무한 확장 요청', 그리고 '하느님의 은총판단 요청'이다.

변하지 않는 '초감각적인 어떤 것'(etwas Übersinnliches)이며 고착된(beharrlich) 것이라고 생각할 수 있다(ED,A510f).

이로써 칸트는 그와 같은 이념에 따른 '이성의 실천적 사용의 규칙'(Regel des praktischen Gebrauchs der Vernunft)으로서 하나의 '격률'(Maxime)을 도출하게 되는데, 그것은 곧 "선에서 보다 나은 선으로 무한하게 진행하는 모든 변화에도 불구하고 우리의 도덕적 상태는 그 성향(»천국에서 삶을 영위하는« 지성적 본체)에 있어서, 전혀 시간적 변화에 종속되지 않은 것처럼"(als ob, bei allen ins Unendliche gehenden Veränderungen vom Guten zum Bessern, unser moralische Zustand, der Gesinnung nach, (der homo noumenon, »dessen Wandel im Himmel ist«) gar keinem Zeitwechsel unterworfen wäre.) 생각해야 한다는 것이다(ED,A511). 이성이 추구하는 궁극 목적은 시간적 변화에 영향을 받지 않는 불변적인 것이기 때문이다.

그러나 칸트는 이러한 생각에 문제가 있다는 것을 곧 바로 지적한다. 다시 말하면 언젠가 모든 변화가 정지하고 그와 함께 시간 자체도 멈추는 순간이 출현할 것이라는 것은 '상상력에 반하는 표상'(eine die Einbildungskraft empörende Vorstellung)이다.[18] 그렇게 되면 '전 자연'(die ganze Natur)이 경직되

18) 여기에는 칸트 자신이 지적하지 못한 더 본질적인 어려움이 도사리고 있다. 그것은 곧 칸트의 두 가지 요구가 새로운 모순을 구성하고 있다는 사실이다. 첫째로 최고선의 실현을 위한 도덕적 행위 주체의 무한한 전진(접근) 노력에도 불구하고 그는 언제나 바로 직전의 '선'에서 현재 상태의 '보다 나은 선'으로 이행했을 뿐이며, 현재의 '선'은 다음 시점에서 '보다 나은 선'으로 이행할 것이다. 이와 함께 둘째로 천국이나 영원한 세계의 지성적 인간(homo noumenon)과 그가 추구하는 궁극목적은 어떤 시

어(starr) 화석처럼(versteinert) 될 것이다. 이 경우에 사유 주체의 마지막 생각과 감정은 정지된 상태에서 변화 없이 언제나 동일한 상태로 있게 될 것이다. 시간적인 지속으로만 의식할 수 있는 존재에게는 그러한 삶이 '적멸'(Vernichtung)과 같은 것이다.[19] 그런 상태로 들어가서 생각하려면 우선 그 존재가 무엇인가를 실제로 사유해야 되지만, 사유는 시간 속에서만 일어날 수 있는 반성(Reflektieren)을 내포하기 때문에 불가능하다. 그것은 곧 "다른 세계의 주민들은 그 주소에 따라서(천국이나 지옥), 할렐루야나 곡성을 영원히 읊게 되는 것"(19, 1-6; 20, 15)을 뜻하는데, 이는 그런 상태에서는 일체의 변화가 없다는 것을 의미한다(ED,A512f). 이론적인 차원에서 시간(변화)이 없는 영원한 삶은 경직된 화석과 같은 것이므로 기독교의 천국이나 불교의 열반적정이 모두 동일한 어려움에 직면하게 된다. 칸트는 이와 같은 이념들은 오직 이성의 실천적 의도와 관련해서만 특별한 의미를 가질 수 있다고 주장하였다.

"우리가 지상에서 인간적 삶의 도덕적 물리적 조건을 최상의 상태, 즉 (인간에게 목적으로 정해진) 최고선을 향한 부단한 전진이나 접근으로 가정할 경우에, 인간은 (그의 성향의 불변성을 의식하는 중에서도) 영원히 지속하는 그의 (도덕적, 물리적) 상태들

간적 변화에도 영향을 받지 않아야 한다. 영원한 세계에서 무한한 전진의 수행 주체는 시간적 변화를 전제하고 있으며, 지성적 인간 주체는 시간적 변화를 거부하고 있는 것이다.

19) 불교에서의 '니르바나' 표상에서도 칸트가 지적한 것과 같은 어려움이 제기될 수 있다. 이에 대한 상세한 논의는 졸저 『하느님의 나라와 부처님의 나라』(울산대학교출판부 2009)를 참조할 수 있다.

의 관점에서 만족을 찾을 수 없게 된다. 왜냐하면 그의 현재 상태는 그가 곧장 들어서려고 하는 보다 나은 상태와 비교하면 여전히 악이며, 동시에 궁극 목적을 향한 무한한 전진이라는 생각 역시 보다 큰 선에 의하여 극복되는 따라서 결코 만족을 찾을 수 없는 악의 무한 계열에 대한 조망이라고 할 수 있기 때문이다. 그러한 만족은 언젠가 궁극 목적에 결국 도달할 것이라는 사실을 통해서만 생각될 수 있다."[20]

칸트는 우리가 '이성의 내재적이고 실천적인 사용'(mit ihrem [sc. Vernunft] immanenten, d.i. praktischen Gebrauch)의 한계를 넘어서서, 초월적인 것(Transzendenten)에 대하여 이성을 사변적으로 사용하려고 할 경우에 신비주의(Mystik)에 빠지게 된다고 경고한다. 여기에서 칸트는 노자(老子)의 체계(System des Laokiun)를 예로 들고 있다. 노자는 최고선을 '허무 속에 존재

---

20) "Wenn wir den moralisch-physischen Zustand des Menschen hier im Leben auch auf dem besten Fuß annehmen, nämlich eines beständigen Fortschreitens und Annährens zum höchsten (ihm zum Ziel ausgesteckten) Gut: so kann er doch (selbst im Bewußtsein der Unveränderlichkeit seiner Gesinnung) mit der Aussicht in eine ewig dauernde Veränderung seines Zustandes (des sittlichen sowohl als physischen) die Zufriedenheit nicht verbinden. Denn der Zustand, in welchem er itzt ist, bleibt immer doch ein Übel, vergleichungsweise gegen den besseren, in den zu treten er in Bereitschaft steht; und die Vorstellung eines unendlichen Fortschreitens zum Endzweck ist doch zugleich ein Prospekt in eine unendliche Reihe von Übeln, die, ob sie zwar von dem größern Guten überwogen werden, doch die Zufriedenheit nicht Statt finden lassen, die er sich nur dadurch, daß der Endzweck endlich einmal erreicht wird, denken kann."(ED,512f)

하는 것'(das im Nichts bestehen soll)으로 생각하여, "신성(Gottheit)과의 융합을 통한, 그 인격의 무화(Vernichtung seiner Persönlichkeit)를 통하여 신성의 심연으로의 몰입을 의식 속에서 느끼는 것"으로 규정하였다. 칸트는 이 때문에 중국철학자들이 어두운 방에서 눈을 감고 무(Nichts)의 명상(zu denken und zu empfinden)을 시도한다고 보았다(ED,A513). 칸트는 티베트와 동방 여러 민족의 범신교(Pantheism)이나 스피노자주의(Spinozismus)는 노자 사상의 아류이며, 이것들은 모든 인간의 영혼이 신성으로부터 나와서 다시 신성으로 돌아간다는 고대의 유출설(Emanationssystem)에서 비롯되었다고 보았다. 이들 모두는 결국 '영원한 휴식'(ewige Ruhe)을 '만물의 축복된 종말'(seliges Ende aller Dinge)이라고 믿었는데, 이런 생각은 곧 우리의 오성이 소멸되고 모든 사유 자체가 종말을 고한다는 관념이다(ED,A514).

칸트의 경우에 만물의 신비적 초자연적 종말 역시 이성의 실천적 사용에서만 의미 있게 진술될 수 있다. 이성이 그와 같은 초자연적 사실과 일체를 이룰 수 있다는 모든 동서의 교설들은 신비주의나 자기 부정의 논리에 다름 아니다. 이와 같은 칸트의 시각은 신비적 사태들에 대해서도 이성비판의 정신을 철저하게 적용하고 있다는 사실을 보여준다. 만물의 신비적 초자연적 종말과 관련하여 최고선의 실현을 위하여 부단한 노력을 감행하는 도덕적 주체의 시간성 요구와 영원 세계에 존재하는 지성적 인간 주체의 초시간성 요구 사이에서 제기되는 모순을 해소하기 위해서는 이성 사용의 실천적인 의도에서만 제한적으로 접근할 필요가 있다는 것을 설파하고 있음을 짐작할 수 있다.

3) 만물의 반자연적(잘못된) 종말

반자연적 또는 잘못된 만물의 종말은 우리들이 '궁극 목적'(Endzweck)을 곡해할 경우에 발생하는 것이다. 여기에서 궁극 목적이란 도덕적 입법자의 '의지'이자 '이념'으로서 '세계 창조의 궁극 목적'(Entzweck der Weltschöpfung)이다.[21] 이것은 신적인 의지인 동시에 인간이 궁극적으로 추구해야 할 이상으로서 '최고선'의 형태로 우리에게 주어진 것이다. 도덕법은 우리에게 이 세상에서 최고선을 궁극 목적으로 삼으라는 종합적이고 선험적인 실천명제를 부과하고 있다(*Rel.*, Anm.BAxi). 도덕적 법칙을 가장 엄격하게 준수하는 것이 목적으로서의 최고선을 초래하는 원인이어야 한다. 그러나 인간은 이 세상에서 행복을 도덕과 결합할 수 있는 능력을 가지고 있지 않으므로 세계 통치자로서의 전능한 도덕적 존재를 상정하지 않으면 안 된다(*Rel.*, Anm. BAxiii).[22] 칸트는 바로 이 때문에 도덕이 불

---

21) Kant, Immanuel: Die *Religion innerhalb der Grenzen der bloßen Vernunft*, Königsberg 1793(A), 1794(B), BAx.

22) 발타사르는 칸트가 제시한 신성성(Heiligkeit)과 행복(Glückseligkeit) 사이의 대립 관계에 대하여 이렇게 말한다. "신성성은 모든 자연에 앞서는 법칙의 절대적이고 파악 불가능한 '위'(Über)에 대한 표현이고, 자연 자체는 그것에 적합한 어떤 '성취'(Erfüllung)도 불가능하다. 왜냐하면 자연은 이 최고의 존재에 대하여 가장 철저하게 복종하고 노예적인 봉사의 태도에 익숙하기 때문이다. 그러나 행복은 자연의 전적인 종합이 법칙의 '앞'(Voraus)의 통일성을 은폐하고, 자연의 모든 충동들이 실제로는 은

가피하게 종교에 이르게 된다고 보았다.

그런데 칸트는 인간이 비록 선한 목적을 가졌다 하더라도 그 자신들의 손으로 만물의 종말을 도모하는 것은 매우 '어리석은 짓'(Torheit)이라고 경계하였다(ED,A514). 인간은 자신의 목적에 반하는 수단을 사용할 수도 있기 때문이다.[23] 더 나아가서 칸트는 오직 신만이 만물의 궁극 목적인 최고선과 완전히 일치되는 방책을 찾을 수 있는 실천이성(praktische Vernunft)의

폐된 중심을 반영한다는 사실에 대한 표현이다."(Balthasar, *Der Deutsche Idealismus*, S.100) 도덕적 신성성은 우리로 하여금 그러한 상태에 도달하도록 무조건 강제하는 것이고, 행복은 결코 도덕적 행위의 동기는 아니지만 도덕적으로 행위한 사람들에게 그에 합당한 보상이 결과적으로 주어질 수 있는 도덕적 세계질서를 요구한다. 발타사르에 의하면 칸트의 실천적 변증론에서는 신성성과 행복이 대립적인 관계에 있는 것이 아니라 신성성과 통일성(행복과 신성성의 종합)이 대립적인 관계에 있다고 보았다. 칸트는 이 대립적인 관계를 해소하기 위해서는 영혼불멸성 요청, 즉 도덕적 선과의 일치를 위한 무한한 접근 요청이 필연적이라고 보았다. 그것은 곧 세계 종말 이후에도 영원한 세계가 존재해야 한다는 윤리신학적 요구인 것이다. 그리하여 발타사르는 법칙의 '앞'을 '영원하다'는 것으로 이해한다(Balthasar, S.102).

23) 이것은 정확하게 신앙 공동체의 안정적인 정치적 통일에만 관심을 갖는 것으로서 전체주의 사회에서의 정치신학(politische Theologie)이 주도적인 역할을 맞게 된다. Städtler, Michael(Hrsg.): *Kants »Ethisches Gemeinwesen« Die Religionsschrift zwischen Vernunftkritik und praktischer Philosophie*, Berlin 2005, Einleitung, 13f. 특히 이 책에 수록된 Kerstin Stakemeier: *Die Ausnahme. Politische Theologie der Gemeinschaft bei Immanuel Kant und Carl Schmitt* (63-72) 를 참조하라. 칸트는 각 개인의 도덕적 결단에 근거한 공동체적 선 수행의 무한한 노력을 강조하는 반면에 슈미트에서는 주권자(Souverän)의 최후 결단이 궁극적 판단 근거가 되고 있다.

지혜(Weisheit)를 가지고 있으며, 그것에 적대하지 않고 촉진하는 것이야말로 '인간의 지혜'(mensceriche Weisheit)라고 생각하였다.[24] 그러나 앞에서 말한 것처럼 인류가 어리석음에서 벗어나 최선의 지혜에 도달하는 것은 그 자신의 노력만으로는 어떤 경우에도 성취할 수 없는 하나의 이념에 불과하다.

칸트는 이러한 원리가 국가의 종교 정책에서도 여실히 드러난다고 지적하고자 했다. 다시 말하면 그는 '모든 국민의 종교를 보다 순수하고 강력하게 하기 위한'(um Religion in einem ganzen Volk lauter und zugleich kraftvoll zu machen) 적절한 조치를 위한 계획들이 수시로 바뀌고, 심지어는 가끔씩 불합리한 모습을 보이기도 했던 사실을 비판적으로 지적하고자 했던 것이다(ED,A515). 이것이 뵐너의 종교정책을 빗댄 것이라는 사실은 누구나 짐작할 수 있다.

칸트는 종교의 역할을 제고하려는 노력들이 성공하기 위해서는 공동체가 전승해 온 신성한 교의뿐만 아니라 실천이성에도 유의해야 한다고 보았다. 실천이성은 종교에 절대적으로 필수적인 것으로서, 이는 성직자(ein Klerus) 신분으로 국민들을 강요(Abreden)하는 것보다는 동등한 시민(Mitbürger)으로 예

---

24) 종말론과 윤리학의 관계에 대하여 신학자들은 "종말론 없는 윤리학은 없다."(ohne Eschatologie keine Ethik) 라는 사실을 강조하지만 (Althaus, P.: *Die letzten Dinge*, S.249f), 칸트의 윤리신학(Ethikotheologie)에서는 그와 반대로 "윤리학 없는 종말론은 없다." 라는 명제가 강조된다 (Kant, I.: *Kritik der Urteilskraft*, Berlin und Libau 1790, §86 Von der Ethikotheologie). 칸트에서 종말론은 단지 윤리적인 의미만을 가질 뿐이고, 만물의 종말 역시 윤리적 가치를 가질 뿐이다. Salmony, H.A.: Kants Schrift *Das Ende aller Dinge*. Zürich 1962, S.35.

우하여 동의를 구하는 방식을 취하게 한다. 이 경우에 국민들은 그러한 결정이 권위에 의한 것이 아니므로 도덕적 소질의 불가피한 교화의 필요성을 인정하지 않을 수 없게 된다. 따라서 그들은 그와 같은 전체적인 과정을 그 이념에 관한 한 만족스러운 진보를 이루어낸 현자들(die Weisen)로 하여금 주도적으로 추구하도록 위임하는 것이 바람직스럽다고 생각할 수 있다(ED,A515f).

그러나 칸트는 최상의 궁극 목적을 위하여 선택하는 수단이 초래할 결과는 자연의 과정에 의하여 불확실하기 때문에 섭리(Vorsehung)에 맡기는 것이 좋을 것이라고 생각했다. 도덕성을 향해서만 움직이는 인간의 지혜에 의하여 얻을 수 있는 성공을 미리 확실하게 예측하는 것이 불가능하다면, 우리는 자연과정이 신의 지혜에 의하여 일어난다고 실천적 의미에서 믿을 수밖에 없을 것이다. 물론 칸트는 이에 반대하는 주장도 가능하다고 본다. 어떤 이들은 '현재의 계획이 최선의 것'(der gegenwärtige Plan ist der beste)이며, 그것은 이제 영원성을 위한 상태(ein Zustand für die Ewigkeit)라고 생각할 수 있다(ED,A516).[25] 여기에서 칸트는 이 개념에 의거하여 선한 자는 계속 선하고, 악한 자는 계속 악하다(「묵시」 22, 11) 라는 말씀을 인용하고 있다. 그러나 그 이후에도 계속해서 새로운 계획이 출현할 것이므로, 그 중에서 가장 최선의 것은 옛것의 부활에 지나지 않을 것이고, 그와 같은 시도들은 앞으로도 계속될

25) 라이프니츠의 신정론에 대해서는 Susanne Schilling: *Das Problem der Theodizee bei Leibniz und Kant*, Nordhausen 2009, S.51ff를 참조할 수 있다.

것이다(ED,A517). 여기에서 칸트는 자기 스스로도 보다 새롭고 더 좋은 시도를 제시할 능력이 없다는 것을 인정하고 있다. 그러면서도 그는 당대의 기독교가 행한 사실에 대해서는 분명한 메시지를 보내고자 하였다.

칸트에 의하면 기독교는 도덕성에 해당하는 '율법의 신성성'(Heiligkeit seiner[sc. des Christentums] Gesetz)에 대한 '최대의 존경'(größte Achtung) 이외에도 그 자체로 '사랑할만한 어떤 것'(etwas Liebenswürdiges)이 있다. 칸트는 기독교의 가치(Liebenswürdigkeit)를 예수 그리스도이신 '인격'(Person)의 희생(Aufopferung)보다는 오히려 기독교가 설립한 '윤리적 기구'(sittliche Verfassung)에서 발견하고자 하였다. 그는 그리스도의 희생은 윤리적 기구에서 비롯한다고 보았다. 물론 칸트는 존경(Achtung)이 일차적인 것이라고 인정한다. 사랑 역시 존경을 전제하기 때문이다. 그러나 만일 의무에 대한 관념이나 의무의 준수가 문제될 경우에, 즉 '무엇을 해야 할 것인가'(was er tun soll)를 말해 주는 행위의 객관적 동기뿐만 아니라 '무엇을 하게 되는가'(was der Mensch tun werde)를 기대할 수 있는 행위의 주관적 동기를 묻게 될 경우에, 자기 자신의 격률(Maximen) 속에 다른 사람의 의지를 자유롭게 수용하는 사랑은 분명 인간 본성의 불완전성에 대한 필수적인 보완물이 될 것이다. 사랑은 이성이 법칙을 통하여 명령하는 것을 철저하게 수행하도록 강제한다. 그러므로 칸트는 의무가 사랑을 동반하지 않은 동기로 작용할 경우에는 크게 신뢰하기 어렵다고 보았다(ED,A518).

더 나아가서 칸트는 기독교를 인위적으로 개선하기 위하여 어떤 유형의 권위(irgend eine Autorität)를 추구하게 되면, 그것이 아무리 신적인 것(die göttliche)이고 그 의도가 호의적(wohlmeinend)이며, 그 목적이 참으로 선하다(gut) 할지라도, 기독교의 고유한 사랑의 가치는 사라질 것이라고 경고한다. 그것은 사람들에게 어떤 일을 명령하는 것이기 때문이다. 칸트가 이해하는 기독교는 다음과 같다.

"기독교의 교조(敎祖)는 복종을 요구하는 의지(Gehorsam-fordernden Willen)로써 사람들에게 명령하는 자(in der Qualität eines Befehlhabers)가 아니라, 그와 함께 하는 사람들(Mitmenschen)을 잘 이해시킬 수 있는 고유한 의지를 가진 박애자의 자격으로(in der eines Menschenfreundes) 말함으로써, 그들 스스로가 마음을 다하여 성찰할 경우 그 의지에 따라서 자유롭게 행위 할 것으로 보아 의무 일반의 준수에 대한 사랑을 증진시키고 그러한 사랑을 기독교가 유도해야 한다고 보았다."(ED,A519)

이런 사실에서 칸트는 노예 상태나 무정부 상태보다는 '자유주의적 사고방식'(liberale Denkungsart)에서 기독교의 가르침에 대한 효과를 기대할 수 있다고 생각하였다. '궁극 목적을 선택하는 데서 오는 자유의 감정'(das Gefühl der Freiheit in der Wahl des Endzwecks)은 그러한 입법(Gesetzgebung)을 사랑할만한 가치 있는 것으로 만든다. 이를 통하여 그의 오성은 의무의 법칙에 대한 관념에 의하여 계발된 인간의 마음을 얻는 것이 가능하게 된다. 그리하여 칸트는 '기독교의 교사'(der Lehrer des Christentums)가 '처벌'(Strafen)을 선포했다 하더라도, 그것을 그의 계율을 따르는 동기로 설명해서는 안 된다고 보았다. 그런 식의 설명은 기독교의 특성과 합치되지 않으며, 기독교의 고유한 가치를 훼손하게 된다는 것이다. 칸트는 이러한 '처벌'의 메시지를 우리가 율법을 지키지 못한 데서 불가피하게 발생하는 손해(Schaden)로부터 보호하기 위하여 "입법자의 선의에서 나온 자애로운 경고"(liebreiche, aus dem Wohlwollen des Gesetzgebers entspringende, Warnung)로 해석해야 한다고 보았다(ED,A520). 여기서 우리를 위협하는 것은 '자발적으로 받아들인 삶의 격률'(freiwillig angenommene Lebensmaxime)로서의 기독교가 아니라 '율법'(Gesetz)이기 때문이다. 사물의 본성에 존재하는 불변적 질서인 법칙의 결과는 창조주까지도 마음대로 할 수 없는 것이다.[26]

또한 칸트는 기독교가 보상(Belohnungen)을 약속하는 사실에 대해서도[27] 자유주의적 사고방식에 의거하여 사람들로 하여금 선한 행위를 하도록(zum guten Lebenswandel) 대가를 제안하는 것처럼 해석해서는 안 된다고 주장하였다. 그럴 경우에 기독교는 또 다시 본래적으로 사랑할만한 가치를 갖지 못할 것이다. 이러한 칸트의 주장에는 "비이기적인 동기에서 발생하는 그와 같은 행위에 대한 의욕만이 사람들에 대한 존경심을 불러일으킬 수 있으며, 따라서 존경 없이는 참된 사랑도

---

26) lex est res surda et inexorabilis. »das Gesetz ist eine taube und unerbittliche Sache.« "율법은 귀가 먹은 그리고 가차 없는 것이다." (ED, A520), Livius(B.C.59~A.D.17).

27) "기뻐하며 즐거워하여라. 너희가 하늘에서 받을 상이 크다." (「마태오 복음서」 5, 12).

존재할 수 없다."[28] 라는 그의 도덕철학의 근본 원리가 전제되어 있다. 이처럼 "약속된 보상이 행위의 동기가 되어서는 안 된다는 것"[29]은 칸트 윤리학의 기본이다.

이처럼 칸트는 기독교의 진정한 가치는 도덕적 관점에 의한 해석을 통해서만 찾아질 수 있다고 생각하였다. 그는 기독교가 수행하는 '도덕적인 사랑의 가치'(moralische Liebenswürdigkeit)를 그것에 가해진 외적인 강요나 견해의 잦은 번복에도 불구하고 여전히 빛나는 부분이라고 평가했다. 오직 이 사랑만이 기독교가 직면했어야 할 반대와 비난으로부터 기독교를 지킬 수 있었다는 것이다. 칸트에 의하면 이런 가치는 인류가 겪은 가장 위대한 계몽의 시대에 더욱 밝게 빛난다(ED,A521f).

칸트는 기독교가 '온화한 정신 대신에 명령적 권위'(statt seines sanften Geistes, mit gebieterischer Auktorität)로 군림한다면 순수한 '사랑의 가치'를 잃게 되고, 도덕적인 문제에서 어떤 '중립'(Neutralität)이나 또는 '대립하는 원리의 제휴'(Koalition entgegengesetzter Prinzipien)를 생각할 수 없게 되어, 결국 기독교에 대한 '반감과 반항'(Abneigung und Widersetzlichkeit)이 사람들의 생각을 지배하게 될 것이라고 경고하였다. 칸트는 말한다. "그렇게 되면 전적으로 '최후의 날의 선포자'

28) "Nur ein Ansinnen solcher Handlungen, die aus uneigennützigen Beweggründen entspringen, kann gegen den, welcher das Ansinnen tut, dem Menschen Achtung einflößen; ohne Achtung aber gibt es keine wahre Liebe." (ED,A521)

29) "Also muß man jener Verheißung nicht den Sinn beilegen, als sollten die Belohnungen für die Triebfedern der Handlungen genommen werden." (ED,A521)

(Vorläufer des jüngsten Tages)로 간주되는 적그리스도(der Antichrist)가 공포(Furcht)와 이기심(Eigennutz)을 부추겨서 '짧은 통치'(kurzes Regiment)를 시작할 것이다. 이 경우에 보편적인 세계 종교이어야 할 기독교는 도덕적 관점에서 '(잘못된) 만물의 종말'[das (verkehrte) Ende aller Dinge]이 일어나는 운명을 막지 못할 것이다."(ED,A522) 칸트의 이 마지막 메시지는 결국 프로이센 제국의 검열 및 강압 정책이 하나의 역사적 전통으로 작용하여 히틀러의 국가사회주의의 출현을 가능하게 하였으며, 그런 제3제국의 치하에서 기독교가 보여준 실상을 예견하는 것 같아서 참으로 의미심장하다고 할 것이다.

4. 윤리적 역사신학으로서의 종말론: 최고선의 실현 가능성을 위한 '무한 지속'의 요청

우리는 이제 이와 같은 칸트의 이성비판적 종교 이해, 특히 '만물의 종말'에 대한 그의 기독교적 이해가 역사철학의 문제에 해당될 수 있는가에 대해서 독일의 가톨릭 종교철학자 리차드 쉐플러(Richard Schaeffler)의 칸트 이해를 중심으로 접근하고자 한다.

칸트는 「영원한 평화에 대하여」, 「세계시민적 관점에서 본 보편사의 이념」과 같은 역사철학적 저술들을 남겼지만, 칸트의 철학사적 위상은 그것들보다는 이성비판서들에서 훨씬 더 두드러지는 것이 사실이다. 칸트는 인간의 이성이 역사를 가진다는 사실을 제시하였지만, 언어의 역사성과 관련해서는 그보다는 비코가 훨씬 더 분명하게 보여주었다. 그러나 칸트 스스로는 이성의 역사가 어떻게 가능한가를 성공적으로 보여주지 못한 한계를 가지고 있다.[1] 그럼에도 불구하고 칸트는 "(자유로운 결단의 연관으로서의) 역사는 (현상들 가운데 있는 필연

---

1) Schaeffler, Richard: *Einführung in die Geschichtsphilosophie*, 2. Auflage, Darmstadt 1980, S.144ff; 『역사철학』, 철학과현실사 1997, 199쪽 이하.

성의 왕국으로서의) 자연에 대하여 대립하고 있는 것이 아니라, 선험적 입법의 다른 필연성이 순수 이성에 의하여 대립하고 있는 것"이라는 사실을 보여주었다.[2] 칸트에서는 역사도 이성의 구성적 활동의 산물에 다름 아닌 것이다.

칸트에 의하면 인간은 현상의 세계와 지성의 세계 모두에 속하는 존재이다. 이로부터 필연적으로 변증론이 구성된다. 현상세계의 일원으로서 인간은 이성이 시간 속에 있는 모든 현상들을 지배하는 것과 동일한 필연성에 잇대어 있다. 그러나 인간이 도덕적 관심을 갖고서 자유롭게 행위를 선택할 경우에 그것은 현상들의 계열 밖에서 이루어진다. 이와 같은 자유로운 행위는 현상들에서 발견되는 인간의 '경험적 특성들'이 인간이 자유롭게 부여한 '지성적 특성'의 '현상'으로 간주될 경우에만 타당할 것이다. 이 경우에 자유는 지성적 행위가 시간 속에서 일어나는 것이 아니므로 자연의 인과성에 의하여 제약되지 않으며, 시간적으로 선행하는 원인들로부터 비롯되는 것도 아니다. 이렇게 이해된 자유는 자연의 인과성을 제약하지 않으면서 이성으로 하여금 인과적인 자연 질서를 완성하게 한다.[3] 그리하여 칸트에서의 역사 구성은 인간이 그 자신의 '지성적' 행위 가운데서 '특성'을 부여하는 것이다. 물자체로서의 이성 주체는 모든 시간 관계의 밖에 존재한다. 그러므로 인간의 자유 활동을 위하여 외적인 장애를 단순히 제거하는 것보다는 이성의 내적 파멸로부터 그 자신을 다시 세우는 것이 중

---

2) Schaeffler, 151; 쉐플러, 『역사철학』, 208쪽.

3) 이에 대하서는 자유의 이율배반과 그 해소를 참조하는 것이 좋다(*KdrV*, A538-558) Schaeffler, 151f; 쉐플러, 『역사철학』, 208쪽 이하.

요하다. 물론 이성 자신도 감성의 조건 아래에 놓여 있지만, 인간의 자유는 외적인 장애보다는 그 자신의 죄책에 의하여 더 큰 위협을 받을 수 있기 때문이다. 인간은 도덕적인 반성을 통하여 그 자신의 잘못을 발견할 수 있다. 칸트는 이러한 사실을 "이성이 그 스스로 잘못을 저지른 비성숙성으로부터 벗어나는 것"[4]이라는 '계몽'의 정식을 통하여 명료하게 제시한 바 있다. 이와 같은 계몽의 이념은 개인 생활에서 도덕성을 향한 '무한한 전진'에 의해서만 실현될 수 있으며(*KdpV*,A220), 자유를 향한 개인적인 진보 노력은 또 다시 '윤리적 공동체'로서 '불가시적 교회'('지상에서의 하느님의 나라')의 설립 요구[5]와 '윤리적-법적 국가 공동체'로서 민족국가와 국가연합의 설립 요구[6]로 확장되고 있다.[7]

---

4) "Aufklärung ist der Ausgang des Menschen aus seiner selbst verschuldeten Unmündigkeit." Kant, Immanuel: *Beantwortung der Frage: Was ist Aufklärung?* in: Berlinischer Monatschrift, Dezember 1783; in: Kant Werke, Weischedel-Ausgabe Bd.9, A481.

5) Kant, Immanuel: *Die Religion innerhalb der Grenzen der bloßen Vernunft*. Königsberg 1793, A129, 132, 134.

6) Kant, Immanuel: *Metaphysik der Sitten*. Königsberg 1797, Rechtslehre §61, A227f.

7) 셸링이 역사의 목적을 '시민적인 법 질서'로 기술한 반면에 헤겔은 '국가'야말로 역사를 이끌어 가는 '객관적으로 된 인륜성'이라고 설명했다. Schaeffler, 154; 쉐플러, 『역사철학』, 211f. 칸트에서 역사의 '진보' 개념은 어디까지나 계몽이나 도덕적 실천의 차원에서 의미를 갖는다. 반면에 기독교에서의 역사적 진보는 '새하늘과 새땅'을 구현하려는 것이며, 그 때문에 기독교적 묵시는 혁명 사상과 연결되기도 한다. Altizer, Thomas J.J.: *History as Apocalypse*. State University of New York Press, Albany 1985. preface, pp.1-3.

그러나 칸트는 경험적으로 기술할 수 있는 역사와 도덕적 진전의 관계가 무모순적으로 설명할 수 없다는 사실에 직면하게 된다. 도덕적 행위 주체가 현상 세계에 속하지 않고 모든 시간과 인과성으로부터 자유롭다면 도덕성을 향한 무한한 진행 과정들을 시간의 후속적 이행으로 인지하는 하나의 역사로 서술할 수 없기 때문이다.[8] 칸트에서 자연과 도덕에 관여하는 '이론 이성'과 '실천 이성'은 하나의 동일한 이성이다. 칸트에서 이성은 자연 법칙과 도덕 법칙 사이의 대립적인 모순을 노정하고 있다. 자연과 도덕의 구조 상이성이 문제시되는 것이다. 자연 원인들의 물리적 질서는 도덕적으로 살아가는 사람들의 행복을 보장하지 않으며, 도덕적 심정들 역시 자연의 진행을 변화할 수 있는 힘을 갖지 못하였다. 그러므로 도덕성은 행복을 이끌어낼 수 없게 된다.[9] 따라서 자연과 도덕을 지지

---

8) 칸트와 반대로 독일관념론에서는 이성 자신이 역사 구성의 대상이 될 뿐만 아니라 역사에 종속되므로 자유를 향한 시간적 진행을 현실적으로 모순 없이 기술할 수 있다. Schaeffler, 155; 쉐플러, 『역사철학』, 212.

9) 칸트가 중요하게 설정하고 있는 세계관적 전제로서 '근본악'의 개념은 실천적 행위 주체가 도덕성에 접근하려는 무한 노력에도 불구하고 언제나 그것을 성취하지 못한 채로 머물러 있는 한계를 보여준다. 반면에 불교나 화이트헤드의 과정철학에서는 도덕적 신성성에의 완전한 접근이 가능한 것으로 설계하고 있다. 부처나 화이트헤드에서의 신은 시공간에서 창조적으로 발현하는 현실적 계기들과의 상호작용을 통하여 그 자신이 의도한 원초적 만족에 도달할 수 있기 때문이다. 화이트헤드는 신앙적 행위 가운데 있는 인간과 신이 동시에 신적 상태로 이행하는 것으로 기술하고 있지만, 칸트는 도덕적 행위 주체의 엄존하는 사악성은 전지전능한 하느님의 은총 판단에 의해서만 비로소 의로운 존재로 인정받을 수 있다는 사실을 강조하였다. 화이트헤드의 과정신학적 종말론 이해에 대해서는 Joseph A. Bracken, S.J.: *World without End. Christian Eschatology from a Process*

하는 이성의 내부에서는 그 각각의 질서에 반하는 충돌이 일어나게 된다(*KdpV*,A192f). 쉐플러는 칸트에서의 이성은 그 자신의 필연적이고 고유한 기능의 법칙성에 의하여 모순에 직면하며, 그것은 이론적인 사용뿐만 아니라 실천적인 사용에서도 동일하게 필연적인 모순에 빠진다는 사실을 지적하면서,[10] 그럼에도 불구하고 "이성은 자기 자신과의 필연적인 모순을 경험함으로써 비로소 그 적정한 자기 이해에 도달하는 역사를 가진다." 라고 강조하였다.[11]

「만물의 종말에 대하여」에서도 칸트는 감각적-현상적 세계

Perspective. Michigan 2005를 참조하라.

10) 칸트는 이성의 자체 모순을 이론이성의 변증론과 실천 이성의 변증론을 통하여 기술하고 있다. 이론 이성의 변증론은 이성이 자아, 세계 전체, 신에 대한 형이상학적 진술을 하려고 할 경우에 필연적인 자체 모순에 직면함으로써, 독단주의의 종말, 회의주의로의 이행, 더 이상 물러설 수 없는 최후정초의 가능성을 지지할 수 없다는 경험을 유발했다. 실천 이성의 변증론은 도덕적 행위의 규정 근거들에서 모든 경향성과 이해 관계를 제거하는 것과 함께, 도덕적 근거들에서 도덕적으로 행복할 가치가 있는 사람들에게 행복을 요구한다는 이중적인 필연성에 빠지게 됨으로써, 도덕성에 도덕적 세계 질서를 종국 목적으로 부여하고 동시에 역사에 도덕적인 공동체를 목적으로 부여하게 되었다. Schaeffler, 157; 쉐플러, 『역사철학』, 214f..

11) Schaeffler, 158; 쉐플러, 『역사철학』, 214f. 칸트는 이론 이성의 역사를 통하여 철학사의 철학적 재구성을 시도한 바 있으며, 그것은 곧 독단주의와 회의주의를 거쳐서 비판주의로 귀결한다(*KdrV*, Aix-xiii, A852-856). 쉐플러는 칸트가 이로써 결국 독일관념론 철학을 예비할 수 있었다고 평가한다. "칸트는 이성이 우선 대상으로 '소외' 되고, 또한 특이한 '부정적 주관성'으로 물러 서 있다가, 정신이 자기 자신에 대한 지식을 가짐으로써 주관과 객관을 선험적으로 매개하는 길로 간주한 이른바 관념론적 역사 개념을 예비하였다"(Schaeffler, 158; 쉐플러, 『역사철학』, 215).

와 지성적 세계를 분리해서 접근하고 있으며, 이성의 이론적 사용이 제한되는 지점에서 이성의 실천적 사용을 통하여 의미 있는 해석의 돌파구를 마련하고자 하였다. '만물의 종말'과 '영원'의 개념은 객관적 실재성을 가진 감성적 경험의 대상이라기보다는, 최고선의 실현을 위하여 필연적으로 요구하지 않으면 안 되는 이론적인 조건 명제들, 곧 도덕적 주체에게 경각심을 불러 일으켜서 궁극 목적을 실현하도록 촉구하기 위한 '반사교적 사교성'의 측면과 함께 도덕성과의 완전한 일치를 위하여 필연적으로 요구하지 않으면 안 될 가능성 조건으로서 '도덕적 행위 주체의 영원한 지속'의 존재 요청으로 이해할 수 있다. 칸트에 의하면 만물의 자연적(형식적) 종말이나 만물의 초자연적(신비적) 종말은 오직 이성의 실천적 목적 아래에서만 의미 있게 논의될 수 있다.

다른 한편, 칸트는 만물의 반자연적 종말은 인간에 의하여 궁극 목적을 인위적으로 실현하려는 잘못된 의도에서 비롯된 것임을 분명히 함으로써, 종교적 진리를 왜곡하여 강제하는 행위가 오히려 종교의 근본을 부정할 수 있다는 위험성에 대하여 경고하고 있다. 칸트의 논문 「만물의 종말」이 프로이센 당국의 종교 및 문화 정책 방향에 대한 강도 높은 비판을 목적으로 저술된 사실에서 볼 때, 그는 만물의 종말에 대한 도덕신학적 해석을 시도하면서 권력을 가진 자들이 자연과 세계의 궁극 목적을 자의적으로 구성하고 강제하는 행태를 고발하는 것이 그의 가장 중요한 의도였다고 해석할 수 있다.

이로부터 우리는 칸트가 만물의 종말을 실제 사건으로 인정하거나 부정하는 것보다는, 그런 사실들이 인간의 궁극 목적의 실현 가능성을 위하여 필연적으로 요구되지 않으면 안 되는 이른바 요청적인 특성을 갖는다는 사실에서 그 의미를 찾으려고 했다는 것을 알 수 있다.[12] 이것은 칸트가 개인적인 차원에서의 도덕적 행위 주체의 존재 요청으로서 제시한 바 있는 '영혼불멸성 요청', 도덕성과의 일치를 위한 '무한한 전진 또는 접근 요청', 그리고 집단적인 차원에서는 '윤리적 공동체' 혹은 '지상에서의 하느님 나라'의 '무한한 확장 요청'과 같은 맥락에서 실천적인 이성 사용으로 접근함으로써 종말론의 선험철학적 가능성 조건, 즉 '선험적 종말론'(Balthasar)을 탐색했다는 사실에서 그 학문적 의의를 평가할 수 있을 것이다. 그러므로 칸트의 종말론 해석은 최고선의 실현 가능성 조건으로서 필연적으로 요구되는 도덕적 행위 주체의 무한 지속 요청을 위한 윤리적 역사신학으로 규정될 수 있다.

---

12) 발타사르 역시 그의 종말론 대작 제1권 『독일관념론』에서 칸트의 저술 「만물의 종말」을 다루면서 실천이성의 요청에 대하여 상론하고 있다. Balthasar, *Der Deutsche Idealismus*, S.103-105. 또한 그에 의하면 칸트의 역사 개념은 '이론적 인식이 아닌 윤리적인 주체의 역사'(die ethische, unerkennbare Geschichte des Subjekts)와 '외적인 진보의 역사'(die des äußeren Fortschrittes)가 종말론적 지점에서 통합적으로 수렴된다는 요청에 기반을 두고 있다. 이런 윤리적 사실의 총체성은 '하느님의 나라'(Reich Gottes)로 언표되는데, 그것은 바로 윤리적 주체의 역사가 스스로를 영원히 실현해나가는 고유한 역사라는 사실을 말해준다. Balthasar, *Geschichte des eschatologischen Problems*, S.197.

[부록 1] 선험적 종말론과 윤리적 역사신학의 가능성: 김진 교수의 "칸트와 종말론의 문제"에 대한 논평[1)]

1) 칸트와 종말론의 문제

역사의 종말은 누구의 종말인가? 인류의 종말인가? 아니면 자연 만물의 종말인가? 어떤 종말이든 그 이후엔 과연 무엇이 존재하는가? 김진 교수(이하 논자)는 현재의 지구에서 연이어 발생하는 지진, 해일, 화산폭발 등의 초대형 자연재해 등 전지구적 현상들, 이른바 종말론적 징후들을 지목하며, 21세기의 현대인은 '종말의 세기'를 살고 있다는 진단을 내놓는다. 시계의 추를 적게는 대략 220~230여 년 전으로 되돌려 칸트의 시대로 되돌아 가보면 그 시대 역시 이와 같은 유사한 문제에 대한 관심과 논쟁이 들끓었던 시기였다고 할 수 있다. 논자가 현대의 종말론 문제를 칸트의 그것과 연결시키고 있는 이유도 쉽게 짐작할 수 있다. 특히 논자는 칸트의 말년의 저술인 「만물의 종말」(1794)을 중심으로 이 문제에 접근하고 있다.

논자의 분석과 해명의 최종 판정에 따르면 「만물의 종말」은 형식적으로는 당대의 기독교 정책, 특히 검열령에 대한 그의

1) 이 논평문은 맹주만(중앙대) 교수가 쓴 것이다.

비판적 지적이면서도 내용적으로는 모든 기독교의 역사적 계시신앙으로부터 도덕적 실천적 의도를 가진 윤리신학으로의 전환이라는 성격을 가진다. 특히 내용면에서 「만물의 종말」을 포함한 종교 관련 저술들에 나타난 칸트의 종교철학이 기독교적이라고 할 수 있는가에 대한 회의적인 반응들, 심지어는 기독교에 적대적인 것이라고 해석하는 평가에도 불구하고 논자는, 살모니(Salmony)의 지적을 수용해, 칸트의 의도는 종말론을 부정하거나 반박하는데 있지 않고, 그것을 철학적으로 의미 있게 다루는데 있었다는 해석에 무게를 두고서 「만물의 종말」의 근본정신을 여타의 칸트의 주요 비판철학 및 종교철학적 저술들과의 전체적 연관 속에서 해명하고 있다. 같은 맥락에서 논자는 세계 종말 그 자체는 인간의 이성으로 증명할 수 있거나 강요할 수 있는 성격의 지식이 아니므로, 그보다는 오히려 도덕적, 윤리적 의미를 확보하고자 했던 것이 칸트의 종말론의 근본 의도였다고 해석한다. 그리고 이 같은 목표 수행을 정당화하는 핵심과제를 "'의미 있는 세계 종말의 가능성 조건'에 대한 물음인 동시에 '종말론의 도덕철학적 정초 가능성의 조건'에 대한 물음"(이 책의 83쪽)으로 설정하고, 이에 기초하여 칸트의 논지를 해명하고 있다. 이로부터 논자가 도출해내는 중요한 귀결들은 다음과 같이 정리해 볼 수 있다.

(1) 자연적 종말의 문제는 이론적으로 경험 가능한 세계 영역이 아니며, 시간의 '종말'과 '시간 없는 지속'으로서의 영원의 '시작' 개념 사이에서 제기되는 모순을 해소하기 위해서 칸트는 물리적, 이론적 관점이 아닌 도덕적 관점에서의 도덕신

학적 해석을 시도한다. 기독교적 종말론은 "세계의 물리적 과정에 관한 추론에 기인하는 것이 아니고, 세계의 도덕적 과정에 관한 추론에서 기인하는 것"(이 책의 90쪽)이기에 '초감성적 세계'와 '영원' 개념에 대한 접근은 도덕적 관점에서야 의미 있는 것일 수 있다. 이 같은 이해는 『실천이성비판』에서 제기한 요청이론의 연장이다.

(2) 만물의 신비적 초자연적 종말 역시 이성의 실천적 사용에서만 의미 있게 진술될 수 있다. 만물의 신비적 초자연적 종말과 관련하여 최고선의 실현을 위하여 부단한 노력을 감행하는 도덕적 주체의 시간성 요구와 영원 세계에 존재하는 지성적 인간 주체의 초시간성 요구 사이에서 제기되는 모순을 해소하기 위해서는 이성 사용의 실천적인 의도에서만 제한적으로 접근할 필요가 있다. 결국 만물의 자연적(형식적) 종말이나 만물의 초자연적(신비적) 종말은 오직 이성의 실천적 목적 아래에서만 의미 있게 논의될 수 있다.

(3) 궁극 목적이란 도덕적 입법자의 '의지'이자 '이념'으로서 '세계창조의 궁극목적'이다. 이것은 신적인 의지인 동시에 인간이 궁극적으로 추구해야 할 이상으로서 '최고선'의 형태로 우리에게 주어진 것이다. 그런데 반자연적 또는 잘못된 만물의 종말은 우리들이 '궁극 목적'을 곡해하기 때문에 발생하는 것이다. 이성의 한계 안에서는 만물의 종말을 실제 사건으로 인정하거나 부정하는 것에는 종교적 진리를 왜곡하여 강제하는 행위가 지배할 수 있으며 이는 오히려 종교의 본질을 부

정할 수 있는 위험을 내포한다. 만물의 종말 사건은 인간의 궁극 목적의 실현 가능성을 위하여 필연적으로 요구되지 않으면 안 되는 요청적인 특성을 갖는다.

(4) 칸트의 종말론 해석을 통해 드러난 이성비판적 종교이해는 윤리적 역사신학으로서의 종말론이다. 칸트에게는 역사 또한 이성의 구성적 활동의 산물이다. 역사적 이성의 이러한 특성 때문에 칸트는 경험적으로 기술할 수 있는 역사와 도덕적 진전의 관계를 무모순적으로 설명할 수 없다. 도덕적 행위주체가 현상 세계에 속하지 않고 모든 시간과 인과성으로부터 자유롭다면 도덕성을 향한 무한한 진행 과정들을 시간의 후속적 이행으로 인지하는 하나의 역사로 서술할 수 없기 때문이다. 칸트는 「만물의 종말」에서 감각적-현상적 세계와 지성적 세계를 분리해서 접근하고 있는데, 이성의 이론적 사용이 제한되는 지점에서 이성의 실천적 사용을 통하여 이에 대한 의미 있는 해석의 돌파구를 마련하고자 하였다. 이와 같은 맥락에서 칸트의 종말론은 최고선의 실현 가능성을 위한 '무한 지속'의 요청을 위한 윤리적 역사신학으로 규정할 수 있다.

2) 몇 가지 문제들

논자는 "칸트와 종말론의 문제"라는 매우 흥미진진하며 통찰력 있는 논문에서 기독교의 종말론적 계시신앙에 대한 칸트의 철학적 성찰에 대한 분석과 해석을 통해 최종적으로 칸트의 종말론 해석의 성격을 "모든 기독교의 역사적 계시신앙으로부터 [벗어나 유일하게 참된 종교적 이성신앙에 기초한] 도덕적 실천적 의도를 가진 윤리신학"(이 책의 123쪽) 및 "윤리적 역사신학"(이 책의 125쪽)으로 규정할 수 있다는 결론에 도달한다. 이와 같은 결론에 이르는 과정에서 논자가 핵심 텍스트로 삼고 있는 것이 「만물의 종말」이었다. 이러한 진행과 관련하여 앞서 1)항에서 상술한 바와 같이 논자의 진의를 놓치거나 오해할 수 있는 위험을 무릅쓰고 단순화한 요지에 기초하여 보충 설명이 필요하다고 생각되는 몇 가지 문제점을 제시해 보고자 한다.

(1) 논자가 논문의 단초로 삼고 있는 이른바 오늘날의 종말론적 징후들을 통해 오늘의 우리가 종말의 세기를 살고 있다는 진단은 유의미한가? 칸트의 종말론 해석은 그것이 함의하는 도덕적 관점의 맥락에 비추어 볼 때 실제의 세계 사건이 종말론적 징후를 보이는지 여부와는 무관한 것이 아닌가?

(2) 칸트의 역사적 이성의 구성적 활동에 기초한 역사 해석의 관점에서 과연 유의미한 (윤리적) 역사신학이란 존재할 수 있는 것인가? 칸트는 과연 그러한 성격의 신학을 정초하고자 시도한 적이 있는가? 같은 맥락에서 "칸트 스스로는 이성의 역사가 어떻게 가능한가를 성공적으로 보여주지 못한 한계를 가지고 있다"(이 책의 115쪽)는 말의 정확한 의미는 무엇인가? 논평자의 견해로는 칸트의 역사 이해와 해석은 한편으로는 이성이 자신을 전개 및 실현해 나가는 과정을 염두에 두고 있다는 헤겔, 마르크스, 루카치의 언어로 규정하는 '적극적인 평

가', 그리고 다른 한편으로는 이성이 관찰자의 입장에서 경험의 한계를 넘어서 역사의 현장으로서의 세계를 여행하듯 역사 공간을 탐험하는 방식으로 이해하는데 머물고 있다는 비트겐슈타인의 언어로 규정하는 '소극적인 평가'가 공존한다고 생각된다. 그러나 그 어느 쪽의 손도 쉬 들어주기 어려운 이유는 칸트 스스로 엄밀한 의미에서의 윤리적 역사신학을 의도하거나 기획한 적이 없기 때문이 아닐까 싶다. 그렇다면 이는 논자가 칸트의 종말론에 대한 역사철학적 해석으로서 최종적으로 제시하고 있는 '윤리적 역사신학'이라는 규정과 일정 부분 충돌한다. 이와 관련한 분석과 평가가 본론에, 특히 각주(이 책의 72쪽, 각주 4)에서 언급되고 있지만 적극적인 논거와 해명은 찾아보기가 어렵다.

(3) 만물의 종말 사건은 인간의 궁극 목적의 실현 가능성을 위하여 필연적으로 요구되지 않으면 안 되는 요청적인 특성을 갖는다는 논자의 평가는 오해의 소지가 있지 않은가? 칸트에게 있어서 인간의 궁극 목적은 인간 이성의 구조적 본성으로부터 기인하는 자체적 내지는 자기지시적 정당성을 갖는 개념이므로 만물의 종말 사건 같은 것이 요청될 필요도 없으며, 만일 그렇게 된다면 인간의 궁극 목적 개념이 오히려 역사적 목적 실현의 수단으로 전락하고 말게 된다. 때문에 「만물의 종말」에서 칸트가 말하려 했던 것은 이미 당시에 최고의 관심사들 중의 하나였던 기독교적 종말론에 대해서 칸트 스스로 자신의 도덕적-종교철학적 입장에서 내놓은 하나의 해석이며, 논자 스스로 지적하고 있듯이, 이로부터 실제적으로는 당시의

프로이센 국가의 잘못된 종교 정책에 대한 대응과 함께 종교(기독교)와 신앙에 대한 올바른 이해와 태도를 다시금 분명히 하려고 했던 것으로 제한되어야 하지 않을까?

[부록 2] 칸트의 선험적 종말론과 윤리적 역사신학: 맹주만 교수의 논평에 대한 답변

이 글은 맹주만 교수의 "선험적 종말론과 윤리적 역사신학의 가능성: 김진 교수의 '칸트와 종말론의 문제'에 대한 논평"에 대한 답변이다.

우선 맹주만 교수(중앙대)의 논평에 감사를 드리고 싶다. 졸고에 대한 꼼꼼한 정리와 새로운 문제제기는 필자의 논지를 이해하는 것뿐만 아니라 발전적인 논의를 이끌어 가는데 매우 유익하다고 생각한다. 논평자는 필자의 문제제기와 칸트의 종말론에 대한 학술비평적 이해, 그리고 필자 자신의 칸트 종말론에 대한 요청론적 해석 등에 대하여 깊이 있는 물음을 던지고 있다. "칸트와 종말론의 문제"라는 글에서 필자의 핵심 주장은 칸트의 종말론 이해는 기독교의 종말론적 계시신앙을 도덕적 실천적 의도를 가진 '윤리신학' 또는 '윤리적 역사신학'의 성격을 가지고 있다는 것이었다. 이에 대하여 논평자는 다음과 같은 세 가지 물음을 제시하고 있다.

1) "논자가 논문의 단초로 삼고 있는 이른바 오늘날의 종말론적 징후들을 통해 오늘의 우리가 종말의 세기를 살고 있다는 진

단은 유의미한가? 칸트의 종말론 해석은 그것이 함의하는 도덕적 관점의 맥락에 비추어 볼 때 실제의 세계 사건이 종말론적 징후를 보이는지 여부와는 무관한 것이 아닌가?"

답변) "현대인은 지금 '종말의 세기'를 살고 있는 것이다." 라는 필자의 진단은 기독교 종말론 및 서구의 예언사상에 비추어 우리 시대의 자연재해들을 종말론적 징후로 해석하려는 현상을 특징적으로 지적한 것이다. 실제로 위르겐 몰트만과 한스 발타사르를 비롯한 개신교 및 가톨릭 사상가들은 종말론의 문제를 현대 신학의 으뜸가는 화두로 제시하고 있다. 칸트 자신은 이처럼 모든 사람들에게 무차별적으로 엄습하는 자연재해가 종말론적 공포와 불안을 야기하는 사실에 대하여 의미있게 해석하고자 했다(이 책의 96쪽, 각주 13). 칸트 역시 실제의 세계 사건이 종말론적 공포를 유발할 수 있다고 보았다. 최고의 지혜(신 존재)나 인간의 정의 개념에 비추어 볼 때, 칸트에게 '공포를 수반한 종말'(ein Ende mit Schrecken) 또는 '무서운 종말'(ein schreckliches Ende)은 인간 종족의 타락한 본성에서 비롯되는 절망적 사태를 질책할 수 있는 유일한 방책으로 간주되었다. 따라서 세계 사건의 종말론적 징후들과 도덕적 관점 사이의 정합성은 이성의 이론적 사용에서는 공허한 주장이 될 수 있으나(즉 무관하지만), 이성의 실천적 사용에서는 세계 창조자의 궁극 목적의 실현을 위하여 필연적으로 요구되지 않으면 안 되는 사안인 것이다.

2) "칸트의 역사적 이성의 구성적 활동에 기초한 역사 해석의

관점에서 과연 유의미한 (윤리적) 역사신학이란 존재할 수 있는 것인가? 칸트는 과연 그러한 성격의 신학을 정초하고자 시도한 적이 있는가? 같은 맥락에서 "칸트 스스로는 이성의 역사가 어떻게 가능한가를 성공적으로 보여주지 못한 한계를 가지고 있다" (이 책의 115쪽)는 말의 정확한 의미는 무엇인가? 논평자의 견해로는 칸트의 역사 이해와 해석은 한편으로는 이성이 자신을 전개 및 실현해 나가는 과정을 염두에 두고 있다는 헤겔, 마르크스, 루카치의 언어로 규정하는 '적극적인 평가', 그리고 다른 한편으로는 이성이 관찰자의 입장에서 경험의 한계를 넘어서 역사의 현장으로서의 세계를 여행하듯 역사 공간을 탐험하는 방식으로 이해하는데 머물고 있다는 비트겐슈타인의 언어로 규정하는 '소극적인 평가'가 공존한다고 생각된다. 그러나 그 어느 쪽의 손도 쉬 들어주기 어려운 이유는 칸트 스스로 엄밀한 의미에서의 윤리적 역사신학을 의도하거나 기획한 적이 없기 때문이 아닐까 싶다. 그렇다면 이는 논자가 칸트의 종말론에 대한 역사철학적 해석으로서 최종적으로 제시하고 있는 '윤리적 역사신학'이라는 규정과 일정 부분 충돌한다. 이와 관련한 분석과 평가가 본론에, 특히 각주에서(이 책의 72쪽, 각주 4) 언급되고 있지만 적극적인 논거와 해명은 찾아보기가 어렵다."

답변) 칸트가 이성비판의 차원에서 역사철학의 가능성 조건을 적극적으로 검토했는가는 논란의 대상이 되어 왔다.[1)] 특히 칸트가 동시대의 헤르더, 헤겔을 비롯한 독일관념론 철학자들, 그리고 마르크스주의자들처럼 '이성의 역사'나 '역사의 이성'

1) 이 책의 73쪽 각주에서 칸트의 역사철학에 대한 만프레드 리델의 문제제기를 소개한 바 있다.

을 적극적으로 기술하지 않았다는 사실을 부인할 수 없다.

칸트는 『순수이성비판』 방법론의 말미에서(이 책 73쪽의 각주 참조) 어느 철학자도 생각하지 못한 "순수이성의 역사"를 선구적으로 다루었다. 그는 우리의 모든 '이성 인식의 대상'과 관련하여 감성철학자들(Sensualphilosophen: Epikur)을 지성철학자들(Intellektualphilosophen: Platon)과 구분했으며, 또한 '이성 인식의 원천'과 관련하여 고대와 근대의 대표적인 경험론자들(Empiristen: Aristoteles, Locke)과 이성론자들(Noologisten: Platon, Leibniz)로 분류했고, '방법'과 관련하여 '자연주의자들'(Naturalisten)과 '과학주의자들'(Szientisten)로 대별하여, 각각 그 의미와 한계를 지적한 바 있다. 특히 과학적 방법론은 '독단주의'(dogmatisch: Wolff), '회의주의'(skeptisch: Hume), '비판주의'(kritisch: Kant)라는 세 길 중에서 하나를 선택하도록 강요되었던 사실을 기술하고 있다. 여기에서 칸트는 진리가 객관적 인식들 가운데서 진술될 수 있다는 독단론으로부터 시작하여, 모든 대상들을 의심하고 하나의 주관성에서만 확실성을 인정하는 회의론을 거쳐서, 객관성의 질서 가운데서 이미 활동하고 있는 이성 자신의 원리를 발견하는 비판주의로 발전하는 사실을 보여주고 있다. 이로써 칸트는 이성이 대상으로 '소외'되어 특이한 형태의 '부정적 주관성'으로 물러서 있다가, 정신이 자기 자신에 대한 지식을 가짐으로써 주관과 객관을 선험적으로 매개하는 이른바 관념론의 역사 개념을 예비하였다. 그러나 칸트는 '주관성 자체의 생성사', 즉 "주관과 객관의 대립이 하나의 이행 국면으로 나타나서 근원적 동일성과 완성된 매개 사이에 다리를 놓는 과정"에 대해서는 말하려고 하지 않았다.[2] 이러한 사실에서 칸트는 이성의 역사가 어떻게 가능한가를 성공적으로 보여주지 못하였다고 말할 수 있다. 칸트는 헤겔처럼 현실 역사 속에서 스스로를 확장해 나가는 이성(정신) 자신의 역사를 적극적으로 기술하지 않았다. 또한 그는 진화론적 인식론자들처럼 이성 그 자체도 후천적으로 형성되는 역사적 산물이라는 사실을 간과하였으며, 하버마스와 아펠과 같은 의사소통공동체의 철학자들처럼 이성 자체가 순수 주체를 넘어선 상호주관적 주체의 인식 능력이라는 사실에 소홀했던 것이 사실이다. 이 점에서 우리는 칸트가 이성 자체의 역사를 성공적으로 기술하지 못했다고 보는 것이다.

그럼에도 불구하고 우리는 칸트의 이성비판이 역사철학과 무관하다고 주장하는 것은 잘못이라고 본다. 세계 및 인류 역사의 발생적 기술에 충실하고자 했던 헤르더와는 달리 칸트는 몇 편의 작은 역사철학 관련 저술들[3]에서 최고 이성 존재자의 궁극 목적의 실현을 지향하는 인류의 부단한 노력을 기술하는 데 총력을 기울이고 있다. 칸트의 이와 같은 자신의 시도를 스스로 '윤리적 역사신학'이라고 기획하지는 않았으나, 그의 3대 비판서와 종교 저술의 변증론 부분에서는 '도덕적 세계질서',

---

2) Schaeffler, Richard: *Einführung in die Geschichtsphilosophie*, Darmstadt 1980, S.158. 쉐플러, 리챠드, 『역사철학』, 김진 옮김, 철학과현실사 1997, 215쪽.

3) "낙관주의에 관한 시론"(1759), "세계 시민적 관점에서 본 보편사의 이념"(1784), "헤르더의 인류 역사의 철학에 대한 이념들"(1785), "추측해 본 인류 역사의 기원"(1786), "다시 제기된 문제: 인류는 더 나은 상태를 향해 계속해서 진보하고 있는가?"(1798). 이 저술들에 대한 한국어판은 이한구 편역, 『칸트의 역사철학』(서광사 1992)를 참조할 것.

‘이성종교’, ‘도덕 신학’, ‘윤리 신학’, ‘합목적성’ 등의 개념 체계들이 짜임새 있게 소개되어 있다.

특히 『실천이성비판』(1788)에서는 최고선의 완전한 실현을 위한 필요조건으로서 도덕적 행위 주체의 존재 요청, 즉 영혼불멸성 요청이 논의되고 있는데, 여기에서 도덕성의 완전한 상태인 신성성(Heiligkeit)에 이르기 위해서는 악으로부터 자유롭지 못한 현재 상태에서 보다 선한 상태로의 이행을 부단하게 추구해야 한다는 사상이 기조를 이루고 있다.

또한 『순수한 이성의 한계 안에서의 종교』(1793)에서는 동일한 조건을 가능한 것으로 수행하기 위해서는 개인적 차원을 넘어서서 집단적, 공동체적 행위 주체의 부단한 노력이 필요하며, 이를 위하여 윤리적 공동체인 ‘불가시적 교회’, 즉 ‘지상에서의 하느님 나라’를 무한하게 확장하려는 노력이 요구된다고 주장했다.

최고선의 실현 가능성 조건과 관련된 다양한 형태의 칸트적인 변증론에서 공통점은 그의 의무론적 윤리학에서 가장 중요한 요소인 자율성(Autonomie)의 요소이며, 그것은 최고선의 수행에서 ‘우리 자신의 힘으로 할 수 있는 것’을 스스로 그리고 부단하게 행하는 것이다. 칸트는 이러한 자율적인 행위 요구를 ‘보다 나은 상태를 위한 부단한 전진(접근)’이라는 개념으로 정형화하였다.

필자는 칸트의 변증론에서 ‘보다 나은 도덕적 선을 향하는 무한한 전진’이라는 개념은 그의 ‘낙관주의적 진보 사상을 구현하고 있는데, 이것이 가능하기 위해서는 도덕적 행위 주체의 존재 요청이 필수적이다. 모든 이성 존재자가 궁극적으로 수행하지 않으면 안 되는 의무로서의 최고선 그 자체가 실현되기 위해서는 무엇보다도 도덕적 행위 주체의 자율적인 노력이 있어야 하고, 그러한 노력은 부단하게 진행되어야 하며, 보다 나은 선의 상태를 지향해야 하고, 혼자만의 힘으로 어려울 것에 대비하여 집단적, 교회적 차원에서의 공동 노력을 구축해야 하고, 건강하고 튼튼한 시민사회와 국가와 세계국가연합을 이루어야 하는 것이다. 이와 같은 낙관주의적 진보사상은 모두가 최고선의 실현 가능성 조건을 위한 '요청'(Postulat) 명제의 근간을 이루고 있다.

칸트는 「만물의 종말」에서도 기독교 종말론의 진정한 의미 함축이 공포를 수반하는 종말론적 징후들에 대한 도덕신학적 접근에서 찾아질 수 있다고 보았다. 그리하여 칸트는 이곳에서 세계 창조와 역사 종말을 근간으로 하는 서구의 역사철학 내지는 역사신학을 실천적, 도덕철학적, 윤리신학적 차원에서 접근하고 있으며, 그 핵심적인 메시지는 바로 필자가 결론 부분인 4장에서 다룬 "종말론의 윤리신학: 최고선의 실현 가능성을 위한 '무한 지속'의 요청"이었다. 여기에서 칸트의 선험적 종말론 사상은 칸트 자신이 실천이성의 변증론(『실천이성비판』)과 이성신앙의 변증론(『이성의 한계 안에서의 종교』)에서 요청철학적으로 제시한 것과 일맥 상통하는 논의 구조를 보여주고 있으며, 이것을 필자는 '윤리적 역사신학'의 일환이라고 새롭게 해석했던 것이다.

따라서 논평자가 이에 대한 '적극적인 논거와 해명'을 찾지 못했다고 한 부분들이 바로 이 논문의 결론 부분에 압축되어 있으며, 이 논문을 쓰게 된 근본 동기였다는 사실을 다시 한

번 강조하고자 한다.

3) "만물의 종말 사건은 인간의 궁극 목적의 실현 가능성을 위하여 필연적으로 요구되지 않으면 안 되는 요청적인 특성을 갖는다는 논자의 평가는 오해의 소지가 있지 않은가? 칸트에게 있어서 인간의 궁극 목적은 인간 이성의 구조적 본성으로부터 기인하는 자체적 내지는 자기지시적 정당성을 갖는 개념이므로 만물의 종말 사건 같은 것이 요청될 필요도 없으며, 만일 그렇게 된다면 인간의 궁극 목적 개념이 오히려 역사적 목적 실현의 수단으로 전락하고 말게 된다. 때문에 「만물의 종말」에서 칸트가 말하려 했던 것은 이미 당시에 최고의 관심사들 중의 하나였던 기독교적 종말론에 대해서 칸트 스스로 자신의 도덕적-종교철학적 입장에서 내놓은 하나의 해석이며, 논자 스스로 지적하고 있듯이, 이로부터 실제적으로는 당시의 프로이센 국가의 잘못된 종교 정책에 대한 대응과 함께 종교(기독교)와 신앙에 대한 올바른 이해와 태도를 다시금 분명히 하려고 했던 것으로 제한되어야 하지 않을까?"

답변) 칸트가 「만물의 종말」(1794)을 저술한 가장 중요한 목적은 프로이센의 뵐너 장관이 주도한 검열 정책에 대한 항의 표시였다고 볼 수 있다. 칸트는 1788년에 발효된 뵐너의 종교 칙령 이후에 기독교 신학과 직접 관련이 있는 두 편의 글, 「신정론에서 모든 철학적 시도의 실패에 대하여」(1791), 「인간 본성에서의 근본악에 대하여」(1792)를 발표했으며, 이어서 「선의 원리와 악의 원리 사이의 투쟁」을 기고했으나 검열 대상이 되어 출판이 보류되는 사태에 직면하게 되었다. 칸트는 『베를린 월간지』에 기고했던 이 두 편의 논문과 또 다른 두 편의 글을 합하여 쾨니히스베르크 대학과 예나 대학의 철학부에 각각 심사를 의뢰하였으며, 칸트의 저술이 종교신학적 교의체계에 관한 것이 아니고 순수한 철학 저서라는 평가를 받아 단행본의 형태로 『이성의 한계 안에서의 종교』를 출판할 수 있었다(1793). 그 후 칸트는 「만물의 종말」(1794년 6월)을 발표했으며, 그해 10월 1일 뵐너가 직접 서명한 프리드리히 빌헬름 황제의 경고 서한을 받게 된 것이다. 이렇게 보면 「만물의 종말」은 뵐너의 기독교 정책에 대한 항의의 표현이었던 것이 분명하다. 그러나 그것은 어디까지나 당시의 정황이나 형식적인 부분일 뿐이다. 이와 함께 우리는 칸트가 「만물의 종말」에서 내용적으로 강조하고자 했던 몇 가지 사실들도 간과해서는 안 될 것이다.

첫째로, 칸트는 자신이 기독교의 종말론을 명시적으로 부정하지 않았다는 사실을 보여주고자 했다. 그는 참혹한 전쟁, 지진, 폭풍, 홍수, 혜성, 대기징후와 천재지변들에서도 '마지막 날의 전조들'을 느낄 수 있으며, 만물의 종말과 함께 오는 '최후의 심판'까지도 특정한 의미를 가지고 있다고 보았다. 칸트는 다른 곳에서도 인간 사회에서 '불화'와 '반목', '전쟁' 등, '비사교적 사교성'이 낙관주의적 진보를 저해하지 않는다고 봄으로써 헤겔의 역사철학에서 매우 중요한 '이성의 간지'(List der Vernunft) 개념을 예비하고 있었다. 칸트는 세계관적으로 악의 원리와 선의 원리를 인정하고 있으며, 그것은 '근본악'(das radikale Böse)과 '선의지'(der gute Wille), '선을 향한 부단한 전진에도 불구하고 여전히 죄악의 상태에서 벗어나지 못하는 현실'과 '아직 죄인의 상태에 있지만 하느님께서 그 심정을 감찰하시고 의롭다고 인정해 주시는 하느님의 은총판단'에 대한 기독교 신앙 내용을 인정하고 있다. 여기에서 칸트는 기독교적이라는 평가를 내릴 수 있다.

둘째로, 칸트는 그러나 '만물의 종말'을 이론이성적으로 대하지 않고 실천이성적으로 접근해야 한다는 사실을 분명히 하고 싶었다. 칸트는 '만물의 종말'이나 '천국'과 '지옥' 등에 대하여 우리의 이성이 이론적으로 다루려고 하자마자 모순에 직면하게 된다는 사실을 강조하였다. 따라서 칸트는 '만물의 종말'이 최고선의 실현 조건과 관련된 요청적 의미를 함축하고 있다고 보았다. 칸트는 만물의 종말의 도래 가능성 중에서도 특히 정통주의 기독교가 채택하고 있는 이원론 체계를 선호했다. 하느님의 자비를 구한 일부 사람들만이 구원을 받고 나머지 사람들은 형벌에 처해진다는 것이다. 여기에서 논평자는 칸트에서 인간의 궁극 목적은 이성의 구조적 본성으로부터 기인하는 자체적 내지는 자기지시적 정당성을 갖는 개념이므로, 만물의 종말 사건이 요청될 필요도 없다고 반박한다. 그러나 이러한 지적은 칸트의 '요청' 개념에 대한 오해에서 비롯된다. 칸트에서 '영혼', '세계'('자유'), 신 개념은 두 가지 차원에서 서로 다르게 사용되고 있다. 이성의 이론적 사용에서 보면 이 개념들은 그 존재를 부정할 수도 없으며, 동시에 그 존재를 인정할 수도 없는, 이른바 이론적으로 판단할 수 없는 이념들(Ideen)이다. 그러나 이성의 실천적 사용에서 보면 그 개념들은 최고선의 실현을 가능하게 하기 위하여 필연적으로 존재하지 않으면 안 되는 명제들이다. 이것을 요청 명제라고 한다. 칸트에서 요청은 단순한 요구가 아니라, 이론적으로 불가지론에 해당되지만 실천적으로는 그 존재가 필연적으로 요구되는 것이다. 이론이성에게 '이념'(Idee)이었던 것이 실천이성에게 '요청'(Postulat)으로 질적 변화를 꾀하는 것이다. 그러나 이러한 요청 사실은 구성적이지 않고 규제적으로만 작동하기 때문에 그것이 설사 객관적 실재성을 주장하더라도 이론적 지식의 확장을 도모하지 않는다. 칸트는 만물의 종말을 이성의 실천적 사용에서만 의미 있는 것으로 접근한다. 칸트에 의하면 이러한 만물의 종말은 우리가 율법을 지키지 못할 경우에 불가피하게 발생하는 손해를 막기 위하여 "입법자의 선의에서 나온 자애로운 경고"(liebreiche, aus dem Wohlwollen des Gesetzgebers entspringende, Warnung: ED,A520)이다. 그러므로 만물의 종말은 악을 행하는 사람들에게 위협적인 율법으로 군림하는데 그 목적이 있는 것이 아니고, 그 절망적이고도 공포스러운 사실 앞에서의 '선구적인 결단'(Heidegger)과 유사한 심정의 변화를 촉구함으로써 자율성 윤리학의 강화를 목표하고 있다. 그러나 칸트에서 도덕은 종교적 희망 내용과 같은 것을 동기로 하지 않지만, 도덕적 행위의 결과로서 필연적으로 주어지는 목적(최고선)으로 인하여 필연적으로 종교에 이르는 것이다(영혼불멸성과 신 존재 요청).

셋째로, 칸트는 뵐너와 같은 부류들이 추진하는 종교 정책은 인류가 추구해야 할 궁극 목적을 왜곡하고 호도함으로써 기독교의 근본정신을 훼손할 수 있다고 보았다. 정통적인 교의 해석의 척도를 성직자들이 특정한 방식으로 규정하고 철저한 이행을 강제하게 되면 도덕신앙의 입지는 곧 바로 위협받게 된다. 그리하여 칸트는 역사적 계시신앙에서 도덕적 이성신앙으로의 부단한 변화를 촉구했던 것이다.

칸트는 만물의 종말을 부정하지 않았으나, 그 의미를 도덕적, 실천적 차원에서만 확실하게 부여할 수 있다고 보았으며, 인간이 자의적으로 도덕적 목표를 설정할 경우에 도덕의 위기를 초래할 수 있다고 경고했던 것이다.

[부록 3] 칸트와 그리스도교 종말론 [초록][1)]

그리스도교의 역사적 계시신앙을 도덕적 실천적 의도를 가진 윤리신학으로의 전환하려고 시도하였던 칸트는 「만물의 종말」에서 세계 종말에 대한 의미 있는 진술의 가능성 조건들에 대한 철학적 탐색을 과제로 제시하고 있다. '만물의 종말'과 '영원'의 개념은 객관적 실재성을 가진 감성적 경험의 대상이 아니므로 이론적 지식의 대상이 되지 못한다.

칸트에서 종말론적 사실들은 오직 실천적인 관점에서만 의미 있게 기술될 수 있다. 그것은 즉, 최고선의 실현을 위하여 필연적으로 요구하지 않으면 안 되는 이론적인 조건 명제들이다. 칸트는 만물의 종말을 실제 사건으로 인정하거나 부정하는 것보다는, 그런 사실들이 인간의 궁극 목적의 실현 가능성을 위하여 필연적으로 요구되지 않으면 안 되는 이른바 요청적인 특성을 갖는다는 사실에서 그 진정한 의미를 찾으려고

1) 이 논문은 2010년 7월 3일(토) 13시 경북대학교에서 "칸트와 역사철학"이라는 주제로 열린 한국칸트학회 2010 하계학술대회에서 발표되었으며, 맹주만 교수(중앙대학교)의 논평을 들은 후에 상호 토론을 가졌다. 이후 축약본을 한국칸트학회논문집 『칸트연구』 제26집(2010. 12)에 게재하였다.

하였다. 최고선의 실현을 위해서는 만물의 종말 이후에도 '도덕적 행위 주체의 영원한 지속'이라는 존재 요청이 필수적으로 요구되기 때문이다.

또한 칸트는 만물의 반자연적 종말은 인간에 의하여 궁극목적을 인위적으로 실현하려는 잘못된 의도에서 비롯된 것으로서, 종교적 진리를 왜곡하거나 강제함으로써 종교의 근본을 부정할 수 있다고 경고하였다. 따라서 만물의 종말에 대한 칸트의 도덕신학적 해석은 권력 비판적 측면을 가진다.

칸트는 만물의 종말에 대한 실천적인 접근을 통하여 그리스도교 종말론의 선험철학적 가능성 조건, 즉 '선험적 종말론'을 탐색한 것이며, 이 때문에 그것은 최고선의 실현 가능성 조건으로서 필연적으로 요구되는 도덕적 행위 주체의 무한 지속 요청을 위한 윤리적 역사신학으로 규정될 수 있다.

►주제어: 칸트, 종말론, 역사신학, 도덕신학

Kant und die Christliche Eschatologie

[Abstract]

■

Jin Kim
Universität in Ulsan

Kant versucht in praktischer Absicht den historischen Offenbarungsglaube in den Ethikotheologie zu transponieren. Mit einem gleichen Interesse formuliert er in seiner Schrift "Das Ende aller Dinge" die Bedingungsmöglichkeit des sinnvollen Anspruches auf dem Ende der Welt.

Die Begriffe wie 'Ende aller Dinge' und 'Ewigkeit' haben keine objektive Realität, deshalb sie können kein Gegenstand der sinnlichen Erfahrung sein, damit kein Gegenstand der theortischen Wissens. Das Eschatologische kann bei Kant nur in praktischer Absicht sinnvoll beschrieben werden, d.i. als eine, notwendig geforderte, theoretische Annahme zur Bedingungsmöglichkeit der Verwirklichung des höchsten Gutes.

Kant weder bejaht noch verneint das Ende aller Dinge als eine Tatsache, sondern interpretiert das im Sinne seiner Postulatenlehre. Zur Verwirklichung des höchsten Guts wird in der Dialektik der praktischen Vernunft unvermeidlich gefordert das Postulat der, nach dem Ende aller Dinge fortgehenden, ewigen Fortdauer des moralischen Subjekts.

Das widernatürliche (verkehrte) Ende aller Dinge, welches durch die falsche Autorität und mit der falschen Absicht den Endzweck künsterlich herzustellen sei, so warnt Kant, könne dies die christliche Wahrheit zerstören und den Grund der Religion verneinen. Daher kann man in der Kantischen moraltheologischen Interpretation zum Ende aller Dinge eine machtkritische Sinndeutung finden. Kant schreibt die transzendentale Möglichkeitsbedingung der Christlichen Eschatologie durch die praktische Annährung an das Ende aller Ding vor, dadurch formuliert er den Ansatz der transzendentalen Eschatologie. Kants Auffassung der christlichen Eschatologie kann daher als ethische Geschichtstheologie zur Begründung des Postulats des Fortdauers des moralischen Subjekts gezeichnet werden.

► Key words: Kant, Eschatologie, Geschichtstheologie, Moraltheologie

[부록 4] 칸트, 헤르더, 낭만주의 [초록][1)]

이 글에서는 칸트, 헤르더, 독일 낭만주의의 인간학적, 역사철학적 상호작용과 그 의미를 기술하고자 한다. 이사야 벌린은 칸트와 헤르더를 낭만주의의 두 시원이라고 주장하였다. 낭만주의에서 칸트와 헤르더의 철학적 위상은 다음과 같다.

첫째로, 과학은 사물의 본질을 정확하게 인식하는 것을 중시하지만, 낭만주의는 가치에 대한 지식보다는 가치의 창조를 중시한다. 칸트의 경우에 이론적 인식과 실천적 가치는 철저하게 구분되지만, 헤르더에서는 그러한 구분이 없다. 칸트에서 역사의 목적은 규제적인 반면에 헤르더에서 그것은 구성적인 의미로 사용되고 있다.

둘째로, 낭만주의 철학은 비합리주의를 지향한다. 낭만주의자에게 존재는 쉼 없는 흐름'이나 '세계의 부단한 자기 창조' 일 뿐이다. 칸트의 경우에 인식은 현상 존재에 국한되며, 자연과 역사 영역에서의 한계가 분명하다. 반면에 헤르더의 세계 이해는 유기적, 역동적, 일원론적이다. 인류의 역사는 자연 역사의 일부이며, 그 자연의 이면에는 신이 존재하고 있다. 칸트

---

1) 이 글은 칸트와 헤르더의 역사철학 논쟁에 관한 부분의 발췌 원고인 「칸트, 헤르더, 낭만주의」(『인간연구』 18호, 2010)의 초록이다.

와 헤르더의 경우에 세계 역사는 '문화', '인간성'을 향한 부단한 접근 현상으로 파악되고 있으며, 이 점에서 둘 다 계몽주의적이다.

셋째로, 낭만주의는 신화를 창조하고자 하며, 낭만주의자들에게 생명의 힘은 해명할 수 없는 신비이다. 칸트에서는 현상존재의 배후에 신적인 것이 '요청'되지만, 헤르더에서 신의 존재는 현실적인 '실재'이자 자연과 인간의 역사 속에서 현실적으로 작동하는 은총이다.

넷째로, 낭만주의자들에게 국가는 '거룩한 신비'이다. 칸트는 보편적 세계주의를 지향하였으나 헤르더는 국가보다 민족의 존재나 개인의 자유를 우선적으로 생각했다. 특히 헤르더는 개별적 민족문화와 인간성의 이상이 공존할 수 있는 역사신학적 국가형태를 모색하였다.

칸트의 정치적 최고선은 규제적 이념이지만, 역사에서 인간성의 실현이라는 칸트의 정치적 최고선은 규제적 이념이지만, 역사에서 인간성의 실현이라는 헤르더의 최고선은 초월적 이념이면서 동시에 구성적인 의미에서의 낭만주의의 이상 개념이다.

► 주제어: 칸트, 헤르더, 낭만주의, 인간성, 정치신학

Kant, Herder, und die Romantik:

Die Philosophie der Geschichte der Menschheit und das Ideal der Humanität

[Abstract]

■

Jin Kim
Universität in Ulsan

Diese Arbeit versucht die anthropologischen und geschichtsphilosophischen Interaktionen und ihre Bedeutung bei Kant, Herder, und der Deutschen Romantik darzustellen. Isaiah Berlin behauptet, Kant und Herder seien die zwei Quellen der Romantik. Die philosophischen Positionen Kants und Herders in der Romantik sind wie die folgenden.

Erstens, ist es wichtig für den Wissenschaftlern das Wesen der Dingen genau zu erfassen. Für den Romantikern dagegen ist die Schöpfung der Werten wichtiger als die Erkenntnis der Werten. Kant unterscheidet die theoretische Erkenntnis von der praktischen Werte, aber Herder nicht. Der Begriff 'Zweck' in der Geschichtsphilosophie Kants ist regulativ, aber bei Herder ist er konstitutiv.

Zweitens, zielt die Romatik auf dem Irrationalismus. Die Romantiker verstehen das Sein nur als panta rhei oder als stetige Selbstschöpfung der Welt. Die theoretische Erkenntnis für Kant wird begrenzt nur in der Erscheinungswelt. Herders Auffassung nach ist aber die Welt organisch, dynamisch, und monistisch. Die Geschichte der Menschheit ist ein Teil der Naturgeschichte und dahinter liegt der Gott. Kant und Herder, die beiden sind sicher Aufklärer, insoweit die beiden die Weltgeschichte als eine unendliche Annährung an die vollkommende Verwirklichung der Kultur oder Humanität auffassen.

Drittens, versuchen die Romantiker die Mythen zu schöpfen, und die Macht des Lebens ist für sie die unerklärbare Mysterien. Kant postuliert das Göttliche hinter dem Phänomenalen, aber für Herder ist das Dasein des Gottes ein wirkliches Real, identifiziert mit der in der Geschichte der Natur und der Menschen wirkenden Gnade.

Viertens, sehen die Romantiker den Staat als die 'heiligen Mysterien'. Kant zielt auf dem universalen Kosmopolitismus, Herder aber denkt das Sein der Völker und die Freiheit eines Individuums wichtiger als die Autorität des Staats. Insbesonders versucht Herder zu zeigen das geschichtstheologische Staatsmodel, in dem die individuellen Völkerkulturen mit dem Ideal der Humanität zusammen bleiben können.

Kants politisches höchstes Gut ist eine regulative Idee; Herders höchstes Gut ist aber eine transzendentale Idee, zugleich ein Ideal-Begriff der Romantik im konstitutiven Sinne.

► Key words: Kant, Herder, Romantik, Humanität, politische Theologie

[부록 5] 임마누엘 칸트, 「만물의 종말」1)

Immanuel Kant, **Das Ende aller Dinge**, Berlinische Monatsschrift, 1794, June.

| [A495] 만물의 종말

죽음을 앞두고 있는 사람에게 흔하게 하는 경건한 표현은 그가 이제 시간으로부터 영원으로 들어간다(er gehe aus der Zeit in die Ewigkeit; as going *out of time into eternity*)는 것이다.

---

1) [역주] 이 원고는 『베를린 월간지』(Berlinische Monatsschrift) 1794년 6월호(S.495-522)에 게재되었다[Akademische Ausgabe, 8: 327-39; Englische Ausgabe, "The End of All Things." Translated by Ted Humphrey in Immanuel Kant, *Perpetual Peace and Other Essays*, Indianapolis: Hackett, 1983, pp.93-103; Translated by Allen W. Wood in Immanuel Kant, *Religion and Rational Theology*, edited and translated by Allen W. Wood and George di Giovanni, Cambridge University Press, 2001, pp.221-31, Koreanische Ausgabe, 칸트의 이 원고에 대한 우리말 초역판은 이한구 교수의 편역서, 『칸트의 역사철학』(서광사 1992) 95-112쪽에 수록되어 있다. 정확한 개념의 의미를 파악하기 위하여 바이셰델의 독일어판과 알렌 우드의 영어판을 활용하였다.

이 표현은 사실 여기에서 영원(Ewigkeit, eternity)을 무한하게 진행하는 시간의 흐름으로 이해해야 할 경우에는 아무런 의미도 갖지 못할 것이다. 왜냐하면 이때 그 인간은 시간에서 벗어나는 것이 아니라, 언제나 시간의 한 지점에서 다른 지점으로 진행하는 것일 뿐이기 때문이다. 그러므로 이 말은 인간의 부단한 지속에 있어서 모든 시간의 종말(ein Ende aller Zeit, an end of all time)을 뜻하지 않으면 안 된다. 그러나 (그 현존을 *크기*로 고찰할 경우에) 이 지속은 시간과는 전혀 비교할 수 없는 어떤 *크기* (본체적 지속 duratio noumenon) | [A496] 를 뜻하지 않으면 안 되는데, 물론 이것에 대해서는 (단지 부정적인 것 이외의) 어떤 개념도 우리에게 주어질 수 없다. 그러나 이 생각에는 분명히 사람을 전율시키는 어떤 것이 있다. 그것은 그 속에 빠진 사람을 결코 돌아올 수 없는 심연의 가장자리로 인도하기 때문이다. ("영원의 강한 팔에 의하여 가장 황폐한 곳에 붙잡힌 그는 아무것도 남길 수 없도다." 할러)[1] 그럼에도 거기에는 아직 사람을 유혹하는 무엇인가가 있다. 왜냐하면 사람들은 그들의 놀란 눈길을 영원을 향하여 새롭게 돌리지 않을 수 없기 때문이다. ("두려운 눈으로 시선을 돌리되 충분히 만족할 수 없다." 버질)[2] 이 사상이 무섭게 장엄한 것은 부분적으로는 그것의 어두움 때문인데, 상상력은 보통 밝은 빛보다는 어두움 속에서 더욱 강하게 작용하기 때문이다. 그리고 궁극적으로는 영원이

---

1) [역주] But in that earnest place / Him who holds nothing back / Eternity holds fast in its strong arms. Haller.

2) [역주] They cannot satisfy their hearts with gazing. Virgil, *Aeneid* 8: 265.

라는 이 개념은 보편적인 인간 이성과 놀랄 만한 방식으로 뒤섞이게까지 되는데, 이것은 모든 시대에 모든 이성적인 모든 사람들 속에서 이런 방식과 저런 양식으로 나타나 있기 때문이다. 이제 우리가 시간에서 영원에로의 이행하게 된다면, (이러한 이념은 지식의 확장이라는 점에서 보면 이론적으로 객관적인 실재성을 가질 수도 있고 갖지 않을 수도 있지만), 이성 자신은 그러한 이행을 도덕적 관점 자체에서 수행함으로써, 우리는 만물의 종말(das *Ende* aller Dinge, the end of all things)을 시간적인 존재와 가능적 경험의 대상으로 | [A497] 고찰하게 된다. 그럼에도 불구하고 그 결과는 도덕적인 목적들의 질서 안에서 존재하며, 동시에 이런 초감성적인 존재(als übersinnlicher, supersensible)로서의 지속의 시작(der *Anfang* einer Fortdauer, the beginning of duration)은 결국 시간적인 조건 속에 있는 존재가 아니므로, 이런 지속과 그 상태에 대해서는 오직 도덕적인 규정으로만 그 속성을 생각할 수 있을 것이다.

날들[하루(Tage, Days)] 속에 들어 있는 다가오는 각각의 날들은 그 앞에 왔던 날의 산물이기 때문에, 날들은 시간의 아이들(Kinder der Zeit, the children of time)과도 같다. 부모의 마지막 아이(letztes Kind, the last child)를 막내아이(jüngstes Kind, the youngest child)라고 부르는 것과 마찬가지로 우리의 언어는 (모든 시간이 끝나는 시점인) 마지막 날(letzten Tag, the last day)을 가장 젊은 날(jüngsten Tag, the youngest day)이라고 부른다. 그러므로 마지막 날은 아직 시간에 속한다. 왜냐하면 그 날에도 여전히 무언가가 일어나고 있기 때문이다. (시간의 흐름은

영원에 속하지 않으므로 이것은 아무것도 일어나지 않는 영원과 관련이 있는 것은 아니다.) 말하자면 그 마지막 날은 인간들의 전 생애에 걸친 모든 태도들을 결산하는 이른바 심판의 날(Gerichtstag, a judgement day)이 될 것이다. 그러므로 세계 심판자의 은총 판결 또는 저주 판결(das Begnadigungs- oder Verdammungs-Urteil des Weltrichters, the judgement of grace or damnation by the world's judge)은 시간 안에 있는 모든 사물들의 진정한 종말(das eigentliche Ende aller Dinge in der Zeit, the real end of all things in time)인 동시에 각각에게 주어진 운명이 선고(판결)의 순간 그에게 할당된 대로 지속되는 (축복이나 저주 받은) 영원의 시작(der Anfang der <seligen oder unseligen> Ewigkeit, the beginning of the <blessed or cursed> eternity)이다. | [A498] 그러므로 마지막 날은 또한 최후의 심판을 내포한다. 만일 최후의 사건으로서 단순히 현재 세계의 종말, 즉 하늘에서 별들이 떨어지고, 하늘의 천정 자체가 무너지고 (혹은 하늘이 두루마리 같이 말려 없어지고), 하늘과 별이 불타 없어지는 종말이 아니라,[3] 축복받은 자를 위한 새로운 천지의 창조와 저주받은 자들을 위한 지옥의 창조라고 한다면, 그 날 다음에 다른 날들이 이어서 계속될 것이므로, 심판의 날은 마지막 날이 될 수 없을 것이다. 그러나 만물의 종말의 이념은 세계의

3) [역주] "하늘의 별들은 무화과나무가 거센 바람에 흔들려 설익은 열매가 떨어지듯이 땅으로 떨어졌습니다. 하늘은 두루마리가 말리듯 사라져 버리고, 산과 섬은 제자리에 남아 있는 것이 하나도 없었습니다."(묵시 6,13-14) "하느님의 날 [...] 이 오면 하늘은 불길에 싸여 스러지고 원소들은 불에 타 녹아버릴 것입니다."(2베드 3,12), 『성경』, 한국 천주교 주교회의 2005.

물리적 과정에 관한 추론에서 기인한 것이 아니라(nicht von dem Vernünfteln über den physischen, from reasoning not about the physical) 세계의 도덕적 과정에 관한 추론에 기인하는 것이며(sondern moralischen, Lauf der Dinge in der Welt hernimmt; but rather about the moral course of things in the world), 그리고 단지 이것에만 의존하여 일어나기 때문에, 사건의 도덕적 과정은 오직 (도덕에 관계해서만 이해되는) 초감성적인 세계에만 적용될 수 있다. 영원에 대한 생각도 이와 마찬가지이다. 그러므로 심판의 날 다음에 나타날 사건들에 대한 감각적 표상(Versinnlichung)은 – 우리가 이론적으로는 도저히 이해할 수 없는 – 심판의 날과 그것의 도덕적 결과들을 우리에게 이해시키기 위한 어떤 것으로만 간주되어야 한다.

| [A499] 그렇지만 아주 오래 전부터 다가올 영원에 대하여 두 개의 이론 체계가 존재해 왔다는 사실에 우리는 유념할 필요가 있다. 그 중 하나는 (많든 적든 장기간의 속죄에 의해 정화된) 모든 사람에게 구원을 약속하는 일원론자들(der Unitarier, the unitists)의 이론이고, 다른 하나는 일부 선택된 사람들에게만 구원을 약속하고 나머지 모든 사람들에게는 영원한 형벌을 약속하는 이원론자들(Dualisten, the dualists)[4]의 이론이다. |

---

4) [원주] 그런 체계는 고대 페르시아의 종교(조로아스터교)에서 영원한 싸움을 계속하고 있는 태고의 두 존재, 즉 선의 원리인 오르무즈드(Ormuzd)와 악의 원리인 아흐리만(Ahriman)에 의하여 정초되었다. 독일과 페르시아는 서로 멀리 떨어져 있으며, 현재 독일어의 사용 지역에서도 서로 멀리 떨어져 있는데, 태고의 이 존재들을 가리티는 말이 독일어라는 것은 특이하다. 나는 손네라트(Sonnerat)의 저서에서 아파(Ava, 미얀마의

[A500] 모든 사람이 형벌을 받을 운명에 처하여 있다는 이론 체계는 아마도 전혀 들어설 자리가 없을 것이다. 왜냐하면 그 경우에 도대체 왜 그들이 당초에 창조했는가를 정당화할 수 없을 것이기 때문이다. 또한 만인절멸설(die Vernichtung aller, the *annihilation* of all)은 그 자신의 작품이 만족스럽지 못한 사실에 대하여 그 모든 존재를 파괴하지 않고서는 결코 그 잘못을 구제할 길이 없다는 점에서 거짓된 지혜(verfehlte Weisheit, a defective wisdom)일 것이다. 왜냐하면 그것은 결국 자기 자신의 지혜가 불완전하다는 것을 뜻하게 되기 때문이다. 이론자들도 역시 이와 동일한 어려움이 뒤따른다. 물론 그들은 모든 사람이 영원한 저주를 받아야 한다고 주장하지는 않는다. 그러나 만일에 소수의 사람들이나, 아니면 단 한 사람이라도, 그들이 영원히 저주받기 위하여 존재한다면, 왜 그들이 창조되었으며 이러한 운명은 전혀 존재하지 않은 것보다 더 큰 화가 아닌가라고 물을 수 있기 때문이다

물론 우리가 그 이유를 알 수 있고 또한 우리 스스로 그 이

땅)에서는 선의 원리가 고데만(Godeman, — 이 말은 또한 다리우스 고도만누스(Darius Godomannus)으로 불린다는 것을 읽은 적이 있다. 그리고 아흐리만이라는 단어는 아르게 만(arge Mann, 나쁜 사람)과 매우 비슷하게 들리기 때문에, 현재의 페르시아 말도 어원이 독일어인 낱말들을 많이 포함하고 있다고 할 수 있다. 그러므로 언어적 연관의 단어를 사용하여 많은 국민들의 종교적 개념의 기원을 추적하는 것은 고대 문화를 연구하는 학자의 과제일 수도 있다. [소네라트의 여행기(Sonnerat's *Travels*), 여행 4, 제2권 2장 B 참조]

* Pierre Sonnerat(1749~1814)는 동방 여행기 작가이다.

유를 탐구할 수 있는 한에서, (그러나 하나의 최고로 선한 근원존재 아래에서만 unter einem höchstguten Urwesen, under *one* supremely good original being) 이원론적 체계는 실제로 모든 사람들이 (그가 다른 사람을 심판할 능력은 없다고 해도) 그 자신을 심판하지 않으면 안 될 때, 실천적인 의도에서(in praktischer Absicht, for the practical aims) 그 자체로 하나의 우수한 근거(einen überwiegenden Grund in sich, a preponderant ground for it)를 가지고 있다. 왜냐하면 그가 자기 자신을 아는 한, 그는 자기 자신의 이성에 의하여 지금까지 양심에 따른 자신의 행위에 근거하여 | [A501] 자신의 생애의 마지막에 자신에게 제시하는 만큼 영원에 대한 기대(Aussicht in die Ewigkeit, prospect for eternity)를 가질 수 있기 때문이다. 그러나 이로부터 하나의 도그마(Dogma), 즉 그 자체 (객관적으로) 타당한 이론 명제'(einen an sich selbst <objektiv> gültigen theoretischen Satz, a theoretical proposition which is valid in itself <objectively>)로 만들기 위해서는 이성의 단순한 판단만으로는 충분하지 않다. 도대체 어떤 사람이 자기 자신이나 다른 사람들에 대하여 철저하게 알 수 있겠는가?

또한 어떤 사람에게서 대체적으로 그가 바르게 살아왔다는 자신의 삶의 여정들을 이끌어 온 원인들 가운데서 행운의 탓(Verdienst des Glücks, merit of fortune)으로 생각할 수 있는 모든 것들, 예를 들면 선천적으로 타고난 그의 성품이나 그 자신의 충동을 억제하는 지성이나 이성과 같이 자연적으로 주어진 고차적 능력의 우수성은 물론이고 다른 사람들이 부딪쳤던 유혹들을 피할 수 있었던 우연한 기회 등을 모두 배제한다면, 도

대체 그 누가 세계 심판자의 전능한 눈앞에서(vor dem allsehenden Auge eines Weltrichters, before the all-seeing eye of a world-judge), 과연 어떤 사람이 다른 사람들에 대하여 모든 면에서 그 자신의 내적인 도덕적 가치에 근거하여 우월성을 가졌다고 주장할 수 있겠는가? 그 자신의 실제적 특성이 도덕적 우월성에서 기인한 것이라는 사실을 정당하게 평가하려면 그의 참된 성격으로부터 이 모든 것들을 분리해야 할 것이다. 왜냐하면 그것들은 행운의 산물이지 결코 그 자신의 공적이 될 수 없기 때문이다. 그리고 이런 피상적인 자기 지식에 근거하여 | [A502] 다른 사람이나 자기 자신의 도덕적 가치 (그리고 운에 의하여 주어진 것)에 관하여 판단을 내리는 것은 어리석은 일이다. 그러므로 일원론자의 이론 체계나 이원론자의 이론 체계를 도그마로 생각하는 것은 전적으로 인간 이성의 사변적 능력을 초월하는 것으로 보인다. 그러므로 이 모든 것에 대하여 이성은 절대적으로 실천적 사용이라는 조건에 한정해야 할 것이다. 우리로서는 미래 세계에서의 우리의 운명에 대하여 우리 자신의 양심의 판단, 즉 우리가 서있는 현재의 도덕적 상태에 관하여 합리적으로 판단하는 것, 그 이외에는 아무것도 알 수 없기 때문이다. 그리하여 우리는 (그것이 선이든 악이든) 생애 마지막까지 지배할 우리에게 매우 친숙한 생활 원리들'(Prinzipien unseres Lebenswandels, those principles we have found ruling in ourselves during the course of our life)이 사후에도 계속해서 지배할 것이라는 사실과, 그리고 내세에서 그 생활 원리들이 변경될 것이라고 가정할만한 어떤 이유도 없다는 사실을 인정하지 않으면 안 될 것이다. 그러므로 우리는 우리

가 선의 원리나 악의 원리의 지배하에 있는 영원에서도 특정한 공적이나 죄책에 상응하는 결과를 기대할 수 있을 것이다. | [A503] 이런 의미에서 우리가 현세에서 도달한 도덕적 상태와 그 결과는 내세에서도 변하지 않을 것이라고 상정하고 행동하는 것이 현명하다. 따라서 실천적 관점에서 마땅히 받아들여야 할 이론 체계는 이원론적 이론 체계이어야 할 것이다. 특히 일원론의 이론 체계에서는 사람들이 너무 안일하게 지내는 것처럼 보이기 때문이지만, 그렇다고 해서 우리가 이론적인 측면이나 순수 사변적인 측면에서 어느 이론이 탁월한지를 결정하려고 하는 것은 아니다.

그러나 도대체 왜 사람들은 세계의 한 종말(ein Ende der Welt, *an end* of the world)에 기대하는가? 그리고 이것이 허용된다고 하더라도 그것은 왜 (대부분의 인류가 그렇게 생각하듯이) 공포스러운 종말(ein Ende mit Schrecken, a terrible end)인가? ... 그 첫 번째 근거는 이성(Vernunft, reason)이 말하는 다음과 같은 사실이다. 즉 세계의 지속은 세계 속의 이성적 존재자가 그 존재의 궁극 목적에 부합하는 한에서만 가치를 가지며, 이 궁극 목적이 달성될 수 없는 것이라면 창조 자체는 전체적으로 주제가 없고 아무런 합리적 취지도 갖지 못한 연극처럼 무의미하게 보인다는 사실이다. 그 두 번째 근거는 절망(Hoffnungslosigkeit, hopelessness) 상태로까지 전개된 인간종족[5]의 타

---

5) [원주] 항상 반계몽주의적 현인들 혹은 철학자들은 선을 지향하는 인간성의 자연적 경향에 주의를 기울이는 일 없이 인류가 사는 이 세계를 완전히 경멸적으로 제시하기 위해서 다음과 같은 적대적이고 부분적으로

락한 본성(verderbten Beschaffenheit des menschlichen Geschlechts, the corrupt nature of the human race)에 기초하고 있으며, 하나의 종말(ein Ende, an end), 그것도 무서운 | [A505] 종말(ein schreckliches Ende, a terrible one)에 대한 준비는 최고의 지혜(höchsten Weisheit, highest wisdom)와 그리고 최대 다수의 인간들의 견해에 따른 정의(Gerechtigkeit, justice)에 부합되는 유일

혐오스러운 비유에 몰두해 왔다. 1) 이 세상은 어떤 수도승이 바라보듯이 여관(여인숙 Wirthaus, Karavanserai) 동안에 그곳에 머물렀던 모든 사람들은 다음 사람에 의해 곧 대체될 준비를 하지 않으면 안 된다. 2) 이 세상은 교도소(Zuchthaus)이다. 이 견해는 바라문교, 티베트인 및 다른 동양의 현자들 (심지어 플라톤까지도)이 강한 애착을 느꼈던 견해인데, 천상의 세계에서 추방되어 지금은 인간의 영혼이나 동물의 영혼이 된 타락한 정신의 징벌과 정화를 위한 장소가 곧 이 세상이라는 것이다. 3) 이 세상은 **정신병원**(Tollhaus)이다. 이곳에서 모든 사람은 그 자신의 목적을 스스로 파괴할 뿐만 아니라, 다른 사람에게 온갖 종류의 깊은 슬픔을 야기하며, 무엇보다 그의 기술과 힘을 행사할 수 있는 것을 최고의 영예로 생각한다. 4) 마지막으로 이 세상은 다른 세상으로부터의 모든 오물이 집결하는 **분뇨통**(Kloak)이다. 이 마지막 평가가 어떤 의미에서는 원초적이다. 우리는 그것을 자칭 페르시아의 재사에게 힘입고 있는데, 그는 최초의 인간의 조상이 살던 낙원을 천상으로 이동시켰다. | [Anm.: A505] 이 정원에는 많은 나무들이 멋진 과일들로 뒤덮여 있었는데, 한 그루를 제외한 나머지 나무의 열매에서는 알 수 없는 악취가 나고 있었다. 이 예외적인 나무는 정원의 가운데 있어서 그 나무에 열린 맛좋은 과일은 쉽게 따먹을 수 없도록 되어 있었다. 우리의 첫 조상들은 그 과일을 먹고 천상을 더럽혀서는 안 된다는 계율에도 불구하고 그 과일을 맛보고 싶어 했다. 이 때 천사 중의 하나가 멀리 떨어져 있는 지구를 가리키며 "저것이 전 우주의 변소이다." 라고 가르쳐 주고 그 후 대변을 보기 위해 그들은 그곳으로 데려 가서는 그곳에 그들을 남겨두고 천상으로 날아가 버렸다. 그 외는 달리 방도가 없었던 것이다. 그리하여 이때부터 인류가 지구 위에서 살게 된 것으로 생각된다.

한 방책이기 때문이다. 그러므로 최후의 날에 대한 전조들(die Vorzeichen des jüngsten Tages, the *omens of the last day*) 모두가 공포를 불러오는 것들이다. (상상력이 큰 기대에 의하여 흥분을 일으킨다면, 어떻게 거기에서 전조와 기적을 보지 못하겠는가?) 그리하여 혹자는 이런 전조들을 만연하는 부정에서(in der überhandnehmenden Ungerechtigkeit, in increasing injustice), 부자의 호사에 의한 빈자의 억압에서(Unterdrückung der Armen durch übermütige Schwelgerei der Reichen, oppression of the poor by the arrogant indulgence of the rich), 정직과 신념의 일반적 상실에서(allgemeinen Verlust von Treu und Glauben, the general loss of fidelity and faith), | [A506] 세계 구석구석에서 일어나는 참혹한 전쟁(in den an allen Erdenden sich entzündenden blutigen Kriegen, in bloody wars igniting all over the earth)에서 발견하기도 한다. 간단히 말하면 사람들은 그런 전조들을 전대미문으로 생각되는 도덕적 퇴폐(moralischen Verfall, moral fall)와 범죄의 급속한 증가(schnelle Zunahme aller Laster, the rapid advance of all vices) 및 그로부터 나오는 여러 죄악들에서 느끼고 있다. 그에 반하여 다른 이들은 지진(Erdbeben, earthquakes), 폭풍(Stürmen, storms), 홍수(Überschwemmungen, floods), 혜성(Kometen, comets), 대기징후(Luftzeichen, atmospheric signs)와 연계된 특이한 천재지변(ungewöhnliche Naturveränderungen)에서 그런 전조를 보기도 한다.

실제로 이성적인 인간은 그런 존재들이 바로 그 원인일지라도 그것들의 존재에 대하여 부담을 느낀다. 인류의 진보와 발

전에서 재능(Talente, talents), 숙련(Geschicklichkeit, skill), 취미(Geschmacks, taste)의 계발(Kultur)은 ― (그 결과로서 사치 Üppigkeit, luxury)가 생겨난다) ― 자연적으로 도덕성(Moralität, morality)의 발달보다 앞서 간다는 사실에 있는 것처럼 생각되기 때문이다. 그리고 이러한 상황은 참으로 신체 건강에 대해서 뿐만 아니라 도덕성에 대해서도 가장 해롭고 위험한 것이다. 왜냐하면 인간의 욕망은 그것을 만족시키는 수단보다 훨씬 더 강력하게 성장하기 때문이다. 그러나 항상 재능의 계발을 좇아서 엉금엉금 기어가는 (호라티우스의 "머뭇거리는 걸음걸이에도 불구하고 복수는 범죄자를 잡고 만다." poena, pede claudo 라는 시구처럼)[6] 인류의 도덕적 소질이 그 자신의 서두르는 경주에서 자주 넘어지고 꼬이겠지만 언젠가는 욕망을 뒤따라 잡을 것이다. (이것은 아마도 현명한 세계 지배자 아래에서 바랄 수 있을 것이다.) | [A507] 그리고 우리 시대의 도덕이 그 이전 시대보다 우월하다는 경험적 증거를 고려한다면, 마지막 날은 코라당(Rotte Korah, Korah's troops)[7]의 몰락과 비슷한 지옥행(Höllenfahrt, hell)보다는 엘리아의 승천(Eliasfahrt, Elijah's ascensions)[8]으로 시작되어 지상에서의 만물의 종말이 성취될 것이라는 희망을 가질 수도 있다. 그러나 덕(Tugend, virtue)에 대한 이런 영웅적인 신앙도 주관적이어서 최후의 사건에 선행

---

6) [역주] "그러나 복수는 머뭇거리는 걸음걸이에도 불구하고, 그가 도망간다 해도, 범죄자를 잡고 만다(raro antecedentem scelestum deseruit pede claudo; Rarely does punishment fail to catch the guilty, though it runs with a lame foot)." Horace, *Odes*, 3.2.32.

7) [역주] 「민수기」 16, 32.

8) [역주] 「열왕기하」 2, 11.

하는 것으로 생각되는 공포를 동반한 놀라운 출현 이외의 그 어떤 것도 심정(Gemüter, minds)의 변화(Bekehrung, converting)에 강력한 영향을 미치지 못하는 것처럼 보인다.

* * *

주석 : 여기에서 우리는 이성 스스로가 이루어낸 이념만을 상관하고자 (다루고자) 한다. (만일 이성이 어떤 대상을 가지고 있다면) 그 이성의 대상은 우리 시야의 바깥에 있다. 이러한 이념들은 사변적 인식에게는 초월적(überschwenglich, transcendent)이지만, 그렇다고 해서 그것들이 모든 관점에서 공허하다고 규정할 수 없다. 오히려 입법적 이성(gesetzgebende Vernunft, lawgiving reason) 자신에 의하여 우리에게 주어지는 이런 이념들은 실천적 의도에서(in praktischer Absicht, with a practical intent), 즉 이념들의 대상에 대하여 그 대상 자체와 그 성질이 어떤 가를 생각하는 것이 아니라, | [A508] 그보다는 만물의 궁극 목적에 관계하는 도덕적 원리를 위하여 그것들에 대한 숙고가 요청되는 것으로 간주되어야 한다. (이런 방식으로 이성의 이념들은 객관적 실천적 실재성'(objektive praktische Realität, objective practical reality)을 얻게 되고, 그렇지 않을 경우 그것은 아주 공허한 것이 될 것이다.) 우리는 바로 그런 이념들을 다루기 때문에 우리 자신의 이성의 소산물인 만물의 종말에 대한 일반적 개념을 우리의 인식 능력에 맞게 정리하고, 그 파생물들을 분류하기에 충분한 자유로운 영역을 갖게 된다.

그러므로 이 문제는 1) 우리가 (실천적인 의도에서) 확실히 이해할 수 있는, 신의 지혜가 도모하는 도덕적 목적의 질서에 따라 이루어지는 만물의 자연적[9] 종말(das natürliche Ende, the *natural* end of all things), 2) 우리가 조금도 이해할 수 없는 | [A509] 원인의 질서 안에 있는 만물의 신비적(초자연적) 종말 [das mythische (übernatürliche) Ende, mystical (supernatural) end in the order of efficient causes], 3) 우리가 궁극 목적을 오해했기 때문에 우리 자신이 책임을 져야 하는 만물의 반자연적(잘못된) 종말[das widernatürliche (verkehrte) Ende, the contranatural (perverse) end of all things]이라는 세 영역으로 제시하게 될 것이다. 이 가운데서 첫 번째 가능성은 앞에서 논의했으므로 이제 나머지 두 가지를 다루도록 할 것이다.

* * *

「요한 묵시록」 10장, 5, 6절은 다음과 같다. "천사가 오른손을 하늘로 쳐들고서는, 영원무궁토록 살아 계신 분을 두고, 하늘과 [...] 그 안에 있는 것들을 창조하신 분을 두고 맹세하였습니다. 시간이 얼마 남지 않았다"(daß hinfort keine Zeit mehr sein soll; that henceforth time shall ne no more).

9) 자연적(형식적)이란 것은, 비록 그것이 어떤 질서이든지 간에, 따라서 설사 도덕적 질서라 하더라도, 그 어떤 질서의 법칙에 따라서 필연적으로 진행되는 것을 의미한다. 그것에 대립적으로 생각할 수 있는 비자연적이라는 것은 초자연적이거나 반자연적일 수 있는 어떤 것을 의미한다. 동일한 논리로 자연적 원인으로부터의 필연적 발생이란 실제로 자연적인 발생(물리적으로 필연적)으로 나타난다.

만일 이 천사가 "일곱 봉인에 대하여 큰 소리로"(5장 3절) 무의미한 소리를 외치고자 했다고 생각하지 않는다면, 이 천사의 말뜻은 곧 이후 어떤 변화도 없어야 한다는 것으로 이해되어야 한다고 보았다. 변화는 시간 속에서만 일어날 수 있고 시간을 전제하지 않은 변화는 전혀 생각될 수 없으므로, 세계 속에 어떤 변화가 있다면 시간 역시 존재할 것이기 때문이다.

여기에서 만물의 종말은 그것에 대하여 어떤 개념도 형성할 수 없는 감관의 대상들로 여겨진다. 우리가 만일 감성의 | [A510] 세계를 벗어나서 지성적 세계로 일보라도 내딛게 되면 불가피하게 모순에(in Widersprüche, contradicts) 직면하기 때문이다. 이는 감성적 세계의 종말이 이루어지는 순간에 바로 지성적 세계가 시작되어야 한다고 생각되기 때문에 일어나며, 지성적 세계와 감성적 세계가 하나의 동일한 시간 계열 속에 존재하게 되므로 자체모순을 범하는 것이다.

그러면서도 우리가 어떤 지속을 무한(영원성)으로 생각한다고 말하는 것은, 우리가 그런 엄청난 양에 대해 어떤 명확한 개념을 가져서가 아니라, 이는 영원이 그 자신의 척도로서의 시간을 전혀 가지고 있지 않기 때문에 불가능한 것이다. 시간 없이는 어떤 종말도 불가능하기 때문에 그 개념은 영원한 지속에 대한 순수 소극적 개념이다. 우리는 이러한 개념으로 우리의 지식을 조금도 확장하지 못한다. 그러나 우리는 이런 개념을 통하여 이성은 궁극 목적에 대한 (실천적) 의도에서 그 궁극 목적을 영원한 변화의 과정에서는 결코 달성할 수 없다

는 사실을 선언할 수 있다. 또한 이성이 생명체들의 조건에 관한 정지와 불변의 원리를 적용해서 그것을 시도한다 하더라도, 마찬가지로 그것의 이론적 사용에서는 불만족스러울 뿐만 아니라 도리어 허망한 상태에 빠지고 말 것이다. 이런 상황에서 이성은 궁극 목적을 향한 부단한 진보 내에서 무한에로 | [A511] (시간 속에서) 진행해 가는 어떤 변형을 생각해내지 않을 수 없었는데, 이런 궁극 목적과 연관해서 이성의 성향은 지속적이고 그 자체 항구적이다. (이 성향은 현상의 진행과 같이 변화할 수 있는 것이 아니라 차라리 초감각적인 어떤 것, 따라서 시간 속에서 변하지 않는 것이다.)

그러므로 이런 이념에 따른 이성의 실천적 사용의 규칙이란 다음과 같은 것, 즉 우리는 우리의 격률을, 우리의 도덕적 상태가 선에서 더욱 나은 선으로 무한히 변화함에도 불구하고 그것의 성향에 있어서는 (천국에서나 변화가 일어나는 지성적 인간 homo noumenon) 시간적 변화에 전혀 영향을 받지 않는 것처럼 생각하지 않으면 안 되는 것을 의미할 뿐이다. 그러나 언젠가는 모든 변화가 (그리고 그와 더불어 시간 자체가) 정지되는 순간이 나타나리라는 것은 우리의 상상력에 반하는 개념이다. 그때는 물론 자연 전체가 딱딱하게 되고 화석화될 것이다. 그때 최후의 생각과 마지막 감정은 사유하는 주관 안에 정지하여 변화 없이 항상 동일한 상태로 머물게 될 것이다. 그 자신의 존재와 존재의 (지속으로 생각된) 양을 시간 속에서만 의식할 수 있는 존재에게는, 그러한 삶은 설사 그것이 삶이라 불릴 수 있다 해도 틀림없이 적멸과 같은 것으로 보일 것이다. 왜냐하면 그러한 상태에 있는 자신을 상정하기 위해서는 |

[A512] 그 존재는 무엇인가를 실제로 사유해야 되고, 사유는 그 자체 시간 속에서만 발생할 수 있는 반성의 과정을 내포하기 때문이다. 그러므로 다른 세계의 주민은 그들의 주소에 따라 (천국이나 지옥) 할렐루야이든 영원한 곡성이든 항상 똑 같은 노래를 부르는 것으로 제시된다(19장 1-6절; 20장 15절). 이것은 그들의 상태에 일체의 변화가 없는 것을 의미한다.

이런 이념이 우리의 인식 능력을 아무리 초월한다 할지라도 그것은 여전히 실천적 측면에서 이성과 밀접한 연관이 있다. 만약 우리가 이 지상에 살고 있는 인간의 도덕적-물리적 조건을 최대한 높게 평가한다 해도, 즉 (그의 목적으로 정해진) 최고선을 향해 부단히 전진하며 접근하고 있는 것으로 상정한다 해도, 그는 (그의 성향의 불변성을 의식한다 해도) 영원히 변화하는 그의 조건(도덕적 조건뿐만 아니라 물리적 조건)을 고려하면 만족할 수가 없다. 왜냐하면 그의 현재의 상태는 그가 막 진입하려고 하는 좀 더 좋은 상태와 비교하면 여전히 악이기 때문이다. | [A513] 그리고 궁극 목적을 향해 무한히 전진한다는 관념도 동시에 무한한 계열의 악에 대한 조망이라 할 수 있다. 그 악들이 보다 큰 선에 의해 실제로 극복된다 해도 그것은 결코 만족을 주지 못한다. 궁극 목적(Endzweck, final end)에 언젠가는 결국 도달될 것이라는 생각에 의해서만 인간은 만족을 생각할 수 있다.

[Wenn wir den moralisch-physischen Zustand des Menschen hier im Leben auch auf dem besten Fuß annehmen, nämlich eines beständigen Fortschreitens und Annährens zum höchsten (ihm zum

Ziel ausgesteckten) Gut: so kann er doch (selbst im Bewußtsein der Unveränderlichkeit seiner Gesinnung) mit der Aussicht in eine ewig dauernde Veränderung seines Zustandes (des sittlichen sowohl als physischen) die Zufriedenheit nicht verbinden. Denn der Zustand, in welchem er itzt ist, bleibt immer doch ein Übel, vergleichungsweise gegen den besseren, in den zu treten er in Bereitschaft steht; und die Vorstellung eines unendlichen Fortschreitens zum Endzweck ist doch zugleich ein Prospekt in eine unendliche Reihe von Übeln, die, ob sie zwar von dem größern Guten überwogen werden, doch die Zufriedenheit nicht Statt finden lassen, die er sich nur dadurch, daß der Endzweck endlich einmal erreicht wird, denken kann.

Even assuming a person's moral-physical state here in life at its best — namely as a constant progression and approach to the highest good (marked out for him as a goal) —, he still (even with a consciousness of the unalterability of his disposition) cannot combine it with the prospect of *satisfaction* in an eternally enduring alteration of his state (the moral as well as the physical). For the state in which he now is will always remain an ill compared with a better one which he always stands ready to enter; and the representation of an infinite progression toward the final end is nevertheless at the same time a prospect on an infinite series of ills which, even though they may be outweighed by a greater good, do not allow for the possibility of contentment; for he can think that only by supposing that the *final end* will at sometime be *attained*.]

이제 그 결과로서 사변적인 사람은 신비주의(Mystik, mysticism)에 빠지게 되는데, 여기서 그의 이성은 자기 자신과 자신이 원하는 것을 이해하지 않고, 감성적 세계에 거주하는 지적인 존재답게 이 세계의 한계 내에 자신을 한정시키기보다는 오히려 그 한계를 넘어서고자 한다. (왜냐하면 이성은 그것의 내재적 사용, 즉 실천적 사용에 만족하지 않고 초월적인 어떤 것을 시도하고자 하므로, 역시 그 자신의 신비적인 것을 가지게 되기 때문이다.) 이로 인해 최고선(höchsten Gut, the highest good)이란 허무(Nichts, nothing)속에 존재하는 것으로 생각하는, 즉 신성과의 융합을 통해, 따라서 자신의 개성을 파괴시킴에 의해 신성의 심연으로 몰입됨을 느끼는 의식 속에 존재하는 것으로 생각하는 노자(老子, Laokiun)의 괴이한 교의가 나타난다. 이러한 상태를 예감하기 위해 중국의 철학자들은 어두운 방에서 눈을 감고 | [A514] 허무를 명상하려고 한다. 이것으로부터 (티베트와 동방의 여러 민족의) 범신교(Pantheism)가 나타나고, 이 범신교의 승화에서 스피노자주의(Spinozism)가 그 후에 나타난다. 이것들 모두는 인간의 영혼은 신성으로부터 나왔다는 (그리고 끝내는 신성 안으로 다시 함몰된다는) 고대의 유출설(Emanationssystem, system of emanation)과 자매 관계에 있다. 이것들 모두는 사람들이 결국 영원한 휴식(ewige Ruhe, eternal tranquillity)을 — 만물의 축복된 종말이라고 그들이 믿는 — 향유하기 위해서이다. 동시에 이런 관념이야말로 사실 사람들의 오성이 해체되고 모든 사유 자체가 종말을 고하는 관념인 것이다.

* * *

인간의 손을 통해 이루어지는 만물의 종말은, 인간의 목적이 비록 선하다 할지라도, 어리석은 짓이다(Torheit, folly). 말하자면 인간은 자신의 목적과는 정반대되는 수단을 사용할 것으로 생각된다. 만물의 궁극 목적인 최고선과 완전히 일치되는 방책을 찾을 수 있는 지혜(Weisheit, wisdom)는 오직 신에게만 존재한다. 우리가 인간의 지혜라고 부를 수 있는 것은 이런 이념에 반대되는 행동을 하지 않음으로써 이런 이념에 대답하는 것이다. | [A515] 그러나 "인류가 수많은 시도와 그의 계획의 변경을 통해서만 달성을 기대할 수 있는, 어리석음을 피하려는 이런 안전장치 역시, 최선의 사람이 그것을 붙잡으려고 아무리 욕구한다 해도, 단지 추적할 수 있을 뿐인 보물인 것이다." 그는 이 보물을 포착할 수 있다는 자기중심적 확신을 결코 품을 수 없으며, 하물며 이것을 포착한 것 같이 행동할 수 없다. 그렇기 때문에 전 국민의 종교를 순화시키고 강력하게 하기 위해 취하는 조치들에 대한 계획이 수시로 바뀌고 자주 불합리한 것으로 나타나며(die von Zeit zu Zeit veränderten, oft widersinnigen, Entwürfe zu schicklichen Mitteln, um Religion in einem ganzen Volk lauter und zugleich kraftvoll zu machen; the projects – altering from age to age and often absurd – of finding suitable means to make religion in a whole people pure and at the same time powerful), 그 결과 사람들은 다음과 같이 외칠 수 있게 된다. 불쌍한 중생들이여, 그대들에게는 무상 이외는 아무것도 상주하는 것이 없구나!

그럼에도 불구하고 일단 이런 시도가 결국 크게 성공하여 일반 사회가 종교의 전승적 교의에 대해서 뿐만 아니라 교의에 의해서 계발되는 실천 이성(이것이 종교에서는 절대적으로 필수적인 것처럼)에 귀를 기울이기에 이른다면, (인간적 방식에서) 현자들이 (승려계급으로서) 자신들 상호간의 협정에 의해서가 아니라 차라리 민중 속에서 동료 시민으로서 계획을 세우고 그것에 대부분 동의한다면, — 이것은 진리가 그들에게 중요하다는 것을 믿을 만한 방식으로 증명하는 것이다. | [A516] 그리고 국민들 역시 전반적으로 (물론 아직 세부적인 것에 이른 것은 아니지만) 권위에 기초하지는 않지만 일반적으로 느껴지는 도덕적 소질의 불가피한 교화에 대한 요구에 대하여 관심을 갖게 된다면, 그러한 과정을 계속해서 추구하도록 현자들에게 맡겨두는 것이 가장 바람직스러운 일처럼 보인다. 그들은 일단 이념을 추구하면서 훌륭한 진전을 이루어 내기 때문이다. 그러나 이들은 최상의 궁극 목적을 위하여 성공적인 수단을 선택하지만, 자연 과정에서는 항상 불확실한 채로 머물러 있다. 그래서 섭리(Vorsehung, providence)에 맡겨두는 것이 가장 좋을 것이다. 왜냐하면 제아무리 의심이 많은 사람이라 해도 인간의 지혜(menschliche Weisheit, human wisdom), (그 이름에 부합하기 위해서는 점차 도덕적인 것으로 나가야만 하는 지혜)를 다하여 얻은 긍정적 수단에서 생기는 성공을 미리 확실하게 예측하는 것이 불가능하다면, 우리의 궁극 목적을 완전히 포기하려고 하지 않는 한, 실천적 의미에서 자연 과정에서의 신적인 지혜의 경합(eine Konkurrenz göttlicher Weisheit, a concurrence of divine wisdom)을 믿지 않을 수 없기 때문

이다. 물론 이에 반대하는 사람도 있을 것이다. 사람들은 자주 이렇게 말한다. 즉 현재의 계획이 최선의 것이라고 말이다. 이것은 곧 영원성을 위한 상태(ein Zustand für die Ewigkeit, the state of things for eternity)이기도 하다. | [A517] "(이런 개념에 따라서) 선한 자는 누구든지 영구히 선하고 (이와 반대로) 악한 자는 누구든지 영구히 악하다"(묵시록 22장 11절). 마치 영원과 마찬가지로, 그리고 영원과 함께 만물의 종말은 이미 지금 시작되었다. 그런데도 불구하고 그때 이래로 계속해서 새로운 계획이 소개되었다. 그 중 가장 최선의 것이 종종 옛것의 부활에 불과하기도 했다. 앞으로도 또한 더욱 궁극적인 시도들이 끊이지 않을 것이다.

나는 이 점에 있어서 어떤 새롭고 적절한 시도를 할 수 있는 능력이 없다는 것을 충분히 의식하고 있다. 그것에 관해 커다란 발명의 재능을 갖고 있지 못하므로, 나는 사람들에게 차라리 거의 한 세대 정도 그 결과를 받아들일 만한 것으로 입증한 상태로서 방임해두라고 권고하고 싶다. 그러나 그것은 탁월한 사람이나 적어도 진취적인 정신을 가진 사람의 견해는 아닐 수도 있으므로, 나는 감히 그들이 무엇을 할 것인가에 대해서 조금 언급하고자 할 것이다. 그렇지 않으면 그들은 (비록 그것이 최선의 것이라 할지라도) 자신들의 의도에 반해서 행동할지도 모르기 때문이다.

| [A518] 기독교는 그 율법의 신성성(Heiligkeit seiner Gesetze, the holiness of its laws)이 불가항력적으로 불어넣는 최대의 존

경(die größte Achtung, the greatest respect) 이외에, 사랑할만한 어떤 것(etwas Liebenswürdiges in sich, something about it which is *worthy love*)을 가지고 있다. (여기서 나는 기독교가 커다란 희생을 통해 우리에게 제시한 사람에 대한 사랑의 가치를 의미하는 것이 아니라, 차라리 사물 자체, 즉 기독교가 설립한 도덕적 조직체(die sittliche Verfassung, the moral constitution)에 대한 사랑의 가치를 의미한다. 왜냐하면 전자는 후자에서만 추론될 수 있기 때문이다.) 의심할 여지없이 존경은 일차적인 것이다. 왜냐하면 우리들은 사랑이 없이도 다른 사람에 관해 커다란 존경을 품을 수 있겠지만, 존경 없이는 참된 사랑도 존재할 수 없을 것이기 때문이다. 그렇지만 의무에 대한 관념뿐만 아니라 의무의 준수가 문제된다면, 즉 사람은 무엇을 해야 될 것인가(was der Mensch tun werde, what a person will do)를 말해 주는 객관적 동기뿐만이 아니라 그가 무엇을 할 것인가(was er tun soll, what he ought to do)를 기대할 수 있는 행위의 주관적 동기를 추구한다면, 다른 사람의 의지를 자기 자신의 격률 속에 자유로이 수용하는 사랑은 분명 불완전한 인간 본성에 없어서는 안 될 보완물이 될 것이다. (이성이 법칙을 통해 명령하는 바를 사랑은 수행하지 않을 수 없도록 강요한다.) 왜냐하면 사람들은 하기 싫은 일은 잘 수행할 수 없으며, 심지어 괴변적인 핑계를 꾸며서라도 | [A519] 의무의 명령을 피하고자 할 것이기 때문이다. 그러므로 의무는 사랑의 협력 없는 동기로서는 크게 신뢰할 만하지 못할지도 모른다.

이제 우리가 기독교를 완전하게 하기 위해서 기독교에다 한층 더 높은 권위를 (비록 그것이 신적인 것이라 할지라도) 추구한다면, 비록 그 배후의 의도가 아무리 호의적이고 그 목적이 참으로 선하다 할지라도 기독교의 사랑의 가치는 사라질 것이다. 왜냐하면 어떤 사람에게 어떤 일을 하라고 명령할 뿐만 아니라 그에게 그것을 흔쾌히 행하라고 명령함은 모순이기 때문이다.

기독교는 의무 일반의 준수에 대한 사랑을 증진시키고자 하며, 또한 그것을 유도해 내고자 한다. 기독교의 개조는, 복종을 요구하는 의지에 의해 사람들에게 명령하는 독재자의 자격으로 말하지 않고, 오히려 그의 동료의 가슴에 그들 자신의 잘 이해된 의지, 만약 그들이 자신을 적당히 성찰한다면 이 의지에 따라 자발적으로 행동하게 될 그러한 의지를 소생시키는 박애자의 자격으로 말하기 때문이다.

(Das Christentum hat zur Absicht: Liebe, zu dem Geschäft der Beobachtung seiner Pflicht überhaupt, zu befördern, und bringt sie auch hervor; weil der Stifter desselben nicht in der Qualität eines Befehlshabers, der seinen Gehorsam-fordernden Willen, sondern in der eines Menschenfreundes redet, der seinen Mitmenschen ihren eigenen wohlverstanden würden, wenn sie sich selbst gehörig prüften, ans Herz legt.

Christianity has the intention of furthering love out of concern for the observance of duty in general; and it produces it too, because its founder speaks not in the quality of a commander demanding obedience to his will, but in that of a friend of humanity who appeals to the hearts of his fellow human beings on behalf of their own well-understood will, i.c. of the way they would of themselves voluntarily act if they examined themselves properly.)

그러므로 기독교가 그 가르침에 대한 어떤 효과를 기대하는 것은 – 노예 상태나 무정부 상태와는 거리가 먼 – 바로 자유주의적 사고 방식 때문이다. 이런 접근으로 해서 그의 오성이 이미 의무의 법칙에 대한 관념에 의해 계발된 사람들의 마음을 | [A520] 끄는 것이 가능해진다. 궁극 목적의 선택에서 느끼는 자유의 감정이야말로 그 입법을 사랑할만한 가치가 있는 것으로 만드는 것이다. 그러므로 설사 기독교의 교사가 처벌을 선언한다 해도 그 처벌이 명령에 복종하는 동기가 되는 것으로 이해될 수는 없다. 하여튼 이런 식의 설명은 확실히 기독교의 특성과 합치되지 않는다. 왜냐하면 이렇게 되면 기독교는 사랑할만한 가치를 상실해 버릴 것이기 때문이다. 우리는 이것을 율법의 어김에서 불가피하게 발생하는 손해로부터 우리를 보호하기 위해서 (왜냐하면 율법은 귀머거리이며 가차 없는 것이기 때문이다, 리비우스[10]) 입법자의 선의에서 나온 자애로운 경고라고 해석하는 것이 좋을 것이다. 여기에서 위협하는 것은 우리가 자발적으로 받아들인 생활의 격률로서의 기독교가 아니라 법칙이기 때문이다. 사물의 본성에 존재하는 불변적 질서로서의 법칙의 결과는 창조주까지도 이런저런 식으로 마음대로 할 수 없는 것이다.

10) [역주] Livy(Titus Livius, B.C.59~A.D.17)는 로마의 역사가이다. “율법은 귀머거리이고, 무자비했으며, 위인보다는 빈곤한 자에게 더욱 봉사할 수 있고 더욱 만족할 수 있는 것이었다.” Livy, II, 3.4.

기독교는 보상을 약속하지만 (예를 들어 “기뻐하며 즐거워하라. | [A521] 너희들은 천국에서 충분히 보상되리라”).[11] 자유주의적 생각에서처럼 이것이 사람을 매수하려는, 말하자면 선한 행위를 하도록 하기 위한 노력과 같은 것으로 해석되어서는 안 된다. 왜냐하면 그럴 경우 또 다시 기독교는 본래적으로 사랑할만한 가치를 갖지 못할 것이기 때문이다. 비이기적인 동기에서 발생하는 행위에 대한 욕구만이 이런 것을 욕구하는 사람들에 대한 존경심을 불러일으킬 수가 있다. 그리고 존경 없이는 참된 사랑은 존재할 수 없다. 그러므로 우리는 약속된 보상이 행위의 동기로서 의도되고 있다고 생각해서는 안 된다. 사랑은 – 이것을 자유주의적 사고 방식은 자선을 베푸는 자로 보는데 – 가난한 자가 받는 재물에 의해서 인도되는 것이 아니라, 재물을 제공하려고 하는 자선가의 의지의 선량함에 의해서만 인도된다. 비록 그가 재물을 베풀 수 있을 정도의 능력을 가지고 있지 않거나 혹은 세계의 일반적인 선을 고려하는 다른 동기에 의해서 그 실현이 방해받는다 하더라도 사정은 마찬가지이다.

기독교가 가지고 있는 이런 도덕적인 사랑의 가치야말로 그것에 가해지는 수많은 제약과 자주 발생하는 | [A522] 의견의 변화에도 불구하고 여전히 빛나는 점이다. 이것이 그렇지 않았더라면 기독교가 당면했을 혐오로부터 기독교를 지켜온 것이다. 그리고 (주목할 만한 것은) 이런 가치는 인류가 겪은 최

---

11) [역주] 마태오 복음 5장 12절.

대의 계몽 시대에 더욱 밝게 빛난다.

만약 기독교가 사랑의 가치를 상실한다고 가정해보면 (기독교가 온화한 정신 대신에 명령적 권위로 군림한다면 이런 일이 생길 수도 있다), 기독교에 대한 자연적 반감과 반항이 사람들의 생각을 지배하게 될 것이다. 도덕적인 문제에서 중립이 우세한 경우는 없기 때문이다. (하물며 상충되는 원리의 제휴라는 것은 생각할 수도 없다.) 그리고 최후의 날을 미리 알리는 자로 생각되는 **반기독교인**이 지배하게 될 것이다(아마도 공포와 이기심에 기초하여). 그때 기독교는 보편적인 세계 종교가 되기를 실제로 시도해도 그렇게 될 운명에 있지 못할 것이며, 도덕적 관점에서 (빗나간) **만물의 종말**이 일어나게 될 것이다.

쾨니히스베르크, I. 칸트

참고문헌

Althaus, Horst: *Heiden, Juden, Christen. Positionen und Kontroversen von Hobbes bis Carl Schmitt*. Würzburg 2007.

Althaus, Paul: *Die letzten Dinge. Lehrbuch der Eschatologie*. 5. Auflage, Gütersloh 1949.

Ameriks, Karl: *Kant and the Historical Turn. Philosophy as Critical Interpretation*. Oxford 2006.

Anderson-Gold, Sharon: *Unnecessary Evil: History and Moral Progress in the Philosophy of Immanuel Kant*, New York 2001.

Arnold, Günter: *Von den letzten Dingen: eschatologische Elemente in Herders Werk und ihre Quellen*, in: *Johann Gottfried Herder. Aspekte seines Lebenswerkes*, hrsg. von Martin Keßler und Volker Leppin, Berlin 2005.

Balthasar, Hans Urs von: *Apokalypse der Deutschen Seele: Studien zu einer Lehre von letzten Haltungen* Bd.1, *Der Deutsche Idealismus*. Freiburg 1998.

Balthasar, Hans Urs von: *Eschatologie in unserer Zeit: Die letzten Dinge des Menschen und das Christentum*. Freiburg 2005.

Balthasar, Hans Urs von: *Geschichte des eschatologischen Problems: In der modernen deutschen Literatur*. Freiburg 1998.

Beiser, Frederick C.: *The Romantic Imperative. The Concept of Early German Romanticism*. Harvard University Press 2006.

Berghahn, Klaus L.: *Grenzen der Toleranz. Juden und Christen im*

Zeitalter der Aufklärung. Köln 2000.
Berlin, Isaiah: *The Roots of Romanticism*, Princeton 1999, 『낭만주의의 뿌리』, 이제이북스 2005.
Berlin, Isaiah: *Vico and Herder: Two studies in the history of ideas*, New York 1976; 『비코와 헤르더』, 민음사 1997.
Bernstein, Richard J.: *radical evil: a philosophical interrogation*, Cambridge 2002.
Bohatec, Josef: *Religionsphilosophie Kants*. Hildesheim 1966.
Branden, Gregg u.a.: *The Mystery of 2012*. Sounds True Inc. 2007. 한국어판: 『World Shock 2012: 임박한 세계 대변혁 시나리오』, 이창미 외 역, 쌤앤파커스 2008.
Cassirer, Ernst: *Vom Mythus des Staates*. Hamburg 2002 (Zürich 1949); 『국가의 신화』, 서광사 1988.
Cillien, Ursula: *Johann Gottfried Herder. Christlicher Humanismus*. Ratingen 1972.
Faust, Ulrich: *Mythologien und Religionen des Osten bei Johann Gottfried Herder*, Münster 1977.
Fenves, Peter D.: *A Peculiar Fate. Metaphysics and World-History in Kant*. Cornell University 1991.
Fischer, Norbert(Hg.): *Kant und der Katholizismus*. Freiburg 2005.
Freier, H.: *Die Rückkehr der Götter. Von der ästhetischen Überschreitung der Wissensgrenze zur Mythologie der Moderne*, Stuttgart 1976.
Frischmann, Bärbel: *Vom transzendentalen zum frühromantischen Idealismus*. Paderborn 2005.
Habichler, Alfred: *Reich Gottes als Thema des Denkens bei Kant*. Tübingen 1991.
Hartwich, Wolf-Daniel: *Romantischer Antisemitismus*. Göttingen 2005.
Heine, Heinrich: *Die romantische Schule*, Stuttgart 2006; 『낭만파』, 정용환 역, 한길사 2004.
Heise, Jens: *Johann Gottfried Herder, zur Einführung*. Hamburg 1998.
Heit, Alexander: *Versöhnte Vernunft. Eine Studie zur systematischen*

Bedeutung des Rechtfertigungsgedankens für Kants Religionsphilosophie, Göttingen 2006.

Herder, Johann Gottfried: *Ideen zur Philosophie der Geschichte der Menschheit* (1784), *Werke*, Hrsg. Martin Bollacher, Bd.6, Deutscher Klassiker Verlag, Frankfurt 1989; Syndikat Buch des Monat, Bodenheim 1995(Wiesbaden 1985).

Irmscher, Hans Dietrich: *Johann Gottfried Herder*. Stuttgart 2001.

Irrlitz, Gerd: *Kant Handbuch*. Stuttgart 2002.

Jens, Walter: *Dichtung und Religion*. München 1992.

Kim, Jin: *Kants Postulatenlehre*, Frankfurt 1988.

Kaftan, Julius: *Philosophie des Protestantismus. Eine Apologetik des evangelischen Glaubens*. Tübingen 1917.

Kant, I.: *Kritik der praktischen Vernunft*, Riga 1788.

Kant, Immanuel: *Das Ende aller Dinge*. Berlin 1794, in: Kant Werke Weischedel-Ausgabe, Bd.9, Darmstadt 1964.

Kant, Immanuel: *Idee zu einer allgemeinen Geschichte in weltbürgerlicher Absicht*(1784), in: Kant Werke Weischedel-Ausgabe, Bd.9, Darmstadt 1964.

Kant, Immanuel: *Kritik der reinen Vernunft*, Riga 1781(A), 1787(B).

Kant, Immanuel: *Kritik der Urteilskraft*, A(1): Berlin und Libau 1790, B(2): Berlin 1793, C(3): Berlin 1799; 칸트, 『판단력비판』, 이석윤 역, 박영사 1974.

Kant, Immanuel: *Mutmasslicher Anfang der Menschengeschichte* (1786), in: Kant Werke Weischedel-Ausgabe, Bd.9, Darmstadt 1964.

Kant, Immanuel: *Religion and Rational Theology*, edited and translated by Allen W. Wood and George di Giovanni, Cambridge University Press, 2001.

Kant, Immanuel: *Religion innerhalb der Grenzen der bloßen Vernunft*. Königsberg 1793; 『이성의 한계 안에서의 종교』, 신옥희 역, 이화여자대학교출판부 1984.

Kant: *Zum ewigen Frieden*, Königsberg B(1796)A(1795), in: Kant

Werke Weischedel-Ausgabe, Bd.9, Darmstadt 1964.

Kantzenbach, Friedrich Wilhelm: *Johann Gottfried Herder. rowohlts monographien*, Hamburg 1970.

Katzer, Ernst: *Luther und Kant. Ein Beitrag zur Entwicklungsgeschichte des deutschen Protestantismus*. Gießen 1910.

Kleingeld, Pauline: *Fortschritt und Vernunft. Zur Geschichtsphilosophie Kants*. Würzburg 1995.

Kügelgen, C.W.: *Immanuel Kants Auffassung von der Bibel und seine Auslegung derselben. Ein Kompendium Kantischer Theologie*. Leipzig 1896.

Landgrebe, L.: *Die Geschichte im Denken Kants*, in: *Phänomenologie und Geschichte*. Darmstadt 1968.

Meinecke, Friedrich: *Die Entstehung des Historismus*, in: Werke Bd.3, München 1959.

Meinecke, Friedrich: *Weltbürgertum und Nationalität. Studien zur Genesis des deutschen Nationalstaates*. 5. Auflage, München und Berlin 1922(1919); 『세계시민주의와 민족국가: 독일 민족국가의 형성에 관한 연구』, 이상신 외 역, 나남 2007.

Meyer, Martin: *Idealismus und politische Romantik*. Bonn 1978.

Riedel, Manfred: *Kant und die Geschichtswissenschaft*, in: Immanuel Kant, *Schriften zur Geschichtsphilosophie*, Stuttgart 1974; 칸트, 『칸트의 역사철학』, 이한구 역, 서광사 1992.

Romundt, Heinrich: *Kirchen und Kirche nach Kants philosophischer Religionslehre*. Gotha 1903.

Rose, Paul Lawrence: *Revolutionary Antisemitism in Germany. From Kant to Wagner*. Princeton University Press 1990.

Rust, Hans: *Kant und das Erbe des Protestantismus. Ein Beitrag zu der Frage nach dem Verhältnis von Idealismus und Christentum*. Gotha 1928.

Safranski, Rüdiger: *Romantik. Eine deutsche Affäre*. München 2007.

Salmony, H.A.: Kants Schrift *Das Ende aller Dinge*, Zürich 1962.

Schaeffler, Richard: *Einführung in die Geschichtsphilosophie*, 4. Auflage, Darmstadt 1994; 『역사철학』, 김진 옮김, 철학과현실사 1997.

Schaeffler, Richard: *Was dürfen wir hoffen? - Die katholische Theologie der Hoffnung zwischen Blochs utopischem Denken und der reformatorischen Rechtfertigungslehre.* Darmstadt 1979.

Schultz, Werner: *Kant als Philosoph des Protestantismus*. Hamburg 1960.

Schulze, Martin: *Kants Religion innerhalb der Grenzen der blossen Vernunft*. Königsberg 1927.

Schweitzer, Albert: *Die Religionsphilosophie Kant's von der Kritik der reinen Vernunft bis Zur Religion innerhalb der Grenzen der bloßen Vernunft*. Georg Olms Verlag, New York, Hildersheim 1974.

Städtler, Michael(Hrsg.): *Kants »Ethisches Gemeinwesen« Die Religionsschrift zwischen Vernunftkritik und praktischer Philosophie*. Berlin 2005.

Storr, D. Gottlob Christian: *Bemerkungen über Kant's philosophische Religionslehre.* Tübingen 1794.

Sydow, Eckart v.: *Der Gedanke des Ideal-Reichs in der idealistischen Philosophie von Kant bis Hegel im Zusammenhange der geschichtsphilosophischen Entwicklung*. Leipzig 1914.

Weyand, Klaus: *Kants Geschichtsphilosophie, ihre Entwicklung und ihr Verhältnis zur Aufklärung*. Köln 1963.

Yobel, Yirmiahu: *Kant and the Philosophy of History.* Princeton University Press 1980.

찾아보기